설레는 게 커피라서

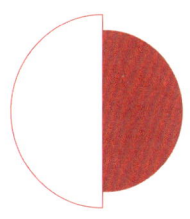

설레는 게 커피라서

윤오순 지음

벨레투

프롤로그

10년 전 영국 유학 당시 『공부 유랑』이라는 제목으로 중국, 일본, 영국, 에티오피아로 이어지는 '3대륙 객국 생활'에 대한 소회를 담은 책을 낸 적이 있다. 학비와 생활비를 스스로 해결하며 공부한 '서바이벌 유학 일기'라 할 수 있는데, 여러 나라를 오가며 만난 소중한 인연들과 나의 좌충우돌 경험을 각종 유학 정보 및 여행 팁과 함께 솔직하게 풀었다. 해외에서 공부하고 싶지만 망설이는 사람들, 좀 더 넓은 세상을 만나고 싶은 사람들에게 나름의 용기를 주려고 쓴 책이었다.

그사이 많은 우여곡절이 있었지만 '에티오피아 커피 투어리즘Coffee Tourism in Ethiopia'을 주제로 영국 엑서터 대학에서 무사히 박사 학위를 마쳤다. 암 투병 중에 있던 아버지는 내가 아직 학위를 마치기 전인데 "박사 과정 마친 것 축하한다. 정말 애 많이 썼다."라는 말씀을 마지막 영상통화에서 주문처럼 남기고 세상을 떠나셨다. 영국에서 귀국했을 때 나를 낯설게 한 게 아주 많았는데 그중 하나가 아버지의 빈자리였다.

유학 생활을 마친 뒤에는 숨 가쁠 정도로 역동적인 시간을 보냈다. 국제개발협력 현장 전문가로 네팔에 파견되어 현지인들과 함께 사회적 기업을 운영했고, 진도 7.4의 강진을 경험하며 해외에서 지진 복구사업을 진행했다. 또 서울 동대문디자인플라자DDP에서 축제 총감독으로 서울아프리카페스티벌을 진행하기도 했다. 한때 석사 과정 유학 준비를 했던 일본 교토 대학의 아시아아프리카지역연구대학원ASAFAS에 객원교수로 초빙되었고, 프로그램이 끝난 후 아프리카를 주제로 한일학술교류 프로그램을 여러 개 진행하기도 했다.

하루 24시간이 모자랄 만큼 바쁘게 활동하는 와중에도, 마음 한구석에서는 대학에서 연구하고 가르치는 일을 하다 그렇게 정년퇴직을 할 줄 알았다. 그러나 안주나 정착은 아직 내가 갈 길이 아니었고, 내 잠재성과 가능성을 시험하는 일들이 줄줄이 나를 기다리고 있었다.

그런 일 중에 에티오피아 커피 비즈니스가 있었고, 늘 그래 왔던 것처럼 나는 '연구하는 사람' 자리를 내려놓고 '사업하는 사람'으로 재빨리 말을 옮겨 탔다. 대학에서 연구하고 가르치는 일보다 커피 비즈니스라는 세계가 나를 강하게 끌어당겼다. 그렇게 벨레투라는 회사를 창업하고 사장이 되었다.

최근 월간지 인터뷰를 한 적이 있는데 기자가 『공부 유랑』 에필로그를 언급했다. 당시 에필로그에는 내 연구 주제가 인기 있는 분야가 아닌 까닭에 밥벌이에 대한 두려움이 커 보였는데, 지금은 말에 확신이 차 있고 에너지가 넘쳐 보인다고 했다.

인터뷰가 끝난 뒤 나는 그때의 내 처지와 감성, 걱정 등이 궁금해 그 책을 다시 읽어보게 되었고, 문득 그 책을 읽은 분들한테 내 인생을 업데이트해주고 싶다는 생각이 들었다. 갑작스러운 코로나19 상황에 에티오피아가 아닌 한국에서 커피 비즈니스를 시작하게 된 내 인생의 모든 우연의 시작을 다시 돌아보고 싶은 마음도 들었다. 발목을 잡는 많은 이유들 사이에서 선뜻 발을 떼지 못하는 누군가에게 "이런 인생도 있답니다."라고 말을 걸어보고 싶었다.

이 책은 그런 소소한 목적들이 모여 다시 정리하고 출발하고 싶은 마음에서 기획되었다. 책이 나오기까지 애써주신 분들이 많다. 우선 10년 전 『공부 유랑』을 세상에 나오게 해준 도서출판 해냄 관계자 분들께 감사드린다. 그 책이 없었다면 『설레는 게 커피라서』 출판 프로젝트는 감히 시작할 수 없었다. 내가 추진하는 여러 가지 사업 분야 중에서 큰 도전이었던 출판사업의 초석을 다지게 해준 조경인 실장께 감사드린다. 내 이야기를 귀기

울여 들어주고 내가 쓴 원고를 잘 매만져 이렇게 한 권의 갖추어진 책으로 탄생하도록 출판 전 과정에 함께 해주었다. 길에서 만난 인연이지만 시절인연으로 끝나지 않고 계속 내가 하는 일을 응원해주는 분들이 많은데 이 자리를 빌려 진심으로 감사드린다.

2021년 8월 서울의 에티오피아커피클럽에서
윤오순

/ 목차 /

프롤로그 • 4

1장
어쩌다 사장, 에티오피아커피클럽 오픈합니다!

에티오피아에서 인천으로 • 12 | 연구자에서 사업가로 • 32

2장
공부에 맛들이다

증권회사를 그만두고 시작한 공부 • 38 | 해외여행 공모전 도전기 • 45

배낭 메고 유럽으로 • 50 | 중국에 가서 뭘 하겠다고? • 56

아침 시장에서 먹는 소고기 라면 • 62

천하절경 구이린의 와자지껄 게스트하우스 • 67

리틀 티베트, 랑무스에 가다 • 73 | 대학원생이 되어 다시 교정을 누비다 • 78

3장
공짜로 시작한 일본 유학

알짜배기 일본 연수 • 86 | 삿포로에서 오키나와까지 • 93

나와 맞는 학교를 찾아서 • 98 | 고난의 연속이었던 첫 학위 과정 • 106

공부한다고 돈이 나와 밥이 나와 • 111

유쾌하지만은 않았던 기숙사 생활 • 117

4장
길을 잃는 것이 길을 찾는 방법

외국어를 배우는 시간 • 126 | 아르바이트? 고생문이 열리다 • 132
나가사키 스시집에서 만난 벨라루스 청년 • 138 | 가고 말 테야, 츠쿠미! • 145
입학금과 수업료 최후 통첩 • 152 | 일본에서 만난 엄마 • 158

5장
자네, 영국에서 공부해보지 않겠나?

세 번째 유학의 목적지, 영국 • 170 | 엑서터 대학교의 학생증을 만들다 • 176
이사만 몇 번째? • 181 | 공짜로 기숙사에 살게 되다 • 187
지도교수 폴 클로크 선생 • 194

6장
에티오피아, 마법 같은 인연

에티오피아와의 첫 만남 • 202 | 에티오피아에서 살아남기 • 207
현지인을 위한 커피 투어리즘 • 216
아프리카에서 만난 또 한 분의 스승 • 220

에필로그 • 228

1장.

어쩌다 사장, 에티오피아커피클럽 오픈합니다!

/ 에티오피아에서 인천으로 /

2019년 12월, 팬데믹이 우리를 찾아오기 전

비행기는 예정대로 아디스아바바의 볼레 국제공항에 도착했다. 입국심사장에서 필요한 수속은 빨리 끝났는데 호텔에서 제공하는 무료 셔틀버스가 오지 않아 공항 밖에서 무려 한 시간 이상 기다려야 했다. 우기도 아닌데 공항 밖에는 비가 엄청나게 쏟아지고 있었다. 셔틀버스 정류장은 비를 가려줄 만한 시설이 아니어서 짐이 빗줄기에 흠뻑 젖고 있었지만 달리 방도가 없었다. 이번 여행에는 우쿨렐레까지 챙겼는데 속수무책으로 비에 젖는 악기 가방을 보니 괜히 가져왔다는 생각이 들었다. 주변에 차를 기다리던 사람 하나가 내가 안돼 보였는지 고맙게도 내가 예약한 호텔에 연락을 해줬고, 얼마 지나지 않아 셔틀버스가 도착했다.

호텔에 들어서니 스태프들은 언제 공항에서 그런 일이 있었냐는 듯이 극진한 환대를 해줬고, 리셉션 매니저는 조식 마감 시간이 지났음에도 따뜻한 아침을 준비해줬다. 호텔에서는 지난여름 내가 묵었던 층의 같은 방을 내줬다. 익숙한 구조의 방에 짐을 풀고 나서 샤워를 하자마자 그대로 곯아떨어졌다. 중간에 이메일 확인을 위해 잠깐 일어났다가 다시 잠들었고, 부스스 깨보니 현지 시간 오후 여섯 시였다. 좀 어슬렁거리고 싶기도 하고 배도 고파 호텔 근처 식당에서 간단하게 저녁을 먹고 자주 가는 카페에 들러 생강차 한 잔을 주문했다. 아디스아바바에서 이렇게 비가 부슬부슬 오는 날에는 생강차가 딱이다.

그날 하염없이 내리는 비를 바라보며 생강차를 마실 때만 해도 5개월 후 에티오피아를 긴급하게 떠나기 위해 탈출 비자Exit Visa를 마련해야 할 줄은 상상도 하지 못했다.

에티오피아 그리고 커핑의 추억

에티오피아 커피 투어리즘으로 박사 학위를 마친 뒤, 에티오피아 커피업계에서 나는 꽤나 알려진 사람이 되어 있었다. 현지조사차 커피 산지 곳곳을 누비며 커피뿐만 아니라 에티오피아 문화, 산업, 역사 등에 맹렬히 파고들었다. 현지인들은 내게 호기심을 보이는 동시에, 내가 하는 공부를 설명하면 적극적으로 도움을 주곤 했다. 에티오피아 커피 투어리즘이라는 말이 낯설게 들릴 수 있지만, 쉽게 말하면 에티오피아의 관광 자원과 커피를 매력적으로 결합하여 지역개발과 연계할 방법을 연구하는 것이다.

에티오피아 커피는 산지별로 조금 이르거나 혹은 조금 늦거나 하는 차이가 있지만, 대개 10월에서 이듬해 2월 사이 수확이 진행된다. 커피 수확철에 에티오피아를 방문하면 가만히 서 있는 자세로 하루에 몇 시간씩 생두(볶지 않은 커피)를 로스팅하고, 거의 매일 서로 다른 장소에서 100개 이상의 샘플을 커핑한다. 커핑Cupping은 커피가 가진 본연의 맛을 찾고 소정의 기준으로 등급을 매기는 일련의 과정이라고 할 수 있다. 이런 일을 하는 사람을 커퍼Coffee Cupper라고 부른다. 커피 품질을 관리하고 수출 여부를 결정하는 에티오피아 정부 기관은 커핑을 위해 내추럴 커피(자연건조법으로 가공한 커피)는 여덟 컵, 워시드 커피(습식법으로 가공한 커피)는 일곱 컵을 테이블에 놓는다. 이미 등급이 내려진 커피를 임의로, 일정량을 샘플로 선택해 다시 여러 컵에 나누어 담아 테스트하는 데에는 이유가 있다. 같은 종류의 샘플이라도 어느 한 컵에 결점두가 섞여 들어갈 수 있고, 이는 수출 등급 여부를 결정하는 데 중요한 요소가 되기 때문이다. 따라서 하루에 100개 정도의 샘플을 커핑하려면 700~800개의 컵들을 전부 신중하게 테이스팅해야 한다.

   수확철에는 여기저기 방문하는 업체가 많아 커핑하는 컵 수를 헤아리기 어렵다. 수출업체의 경우에는 우수한 스페셜티 커피 샘플이 많은데, 위에서 언급한 정부 기관의 커핑에서는 다양한 종류의 디펙트 커피(결점 있는 커피)도 많이 만난다. 네덜란드에 본사를 둔 생두 무역회사 트라보카Trabocca의 시니어 트레이더는 내가 가지고 있는 에티오피아 커피 테이스팅 프로파일 정보는 다른 사람들과 확실히 다를 거라고 한 적이 있다. 소비지의 카페에서 판매 목적으로 수입하는 에티오피아 커피는 대개 품질이 좋은 커피이며 바이어 입장에서 저품질 커피를 경험하는 게 쉽지 않다. 산지에서 막 아디스아바바에 도착한 생두들은 등급이 다양한데, 이 중에는 최상품 커피도 있지만 결점두투성이라서 수출에 실패해 내수시장으로 풀리는 커피도 있다. 나는 이런 저품질 커피까지 망라하여 테이스팅하는 데다가 해외로 수출되지 않는 지역의 커피까지 두루 경험하니, 내 프로파일 정보가 훨씬 풍부할 거라는 얘기다.

   에티오피아에서 지내는 동안 매일 다양한 사람들을 만나게 되는데, 특히 커피 수확철에는 전 세계에서 날아온 커피 전문가들을 많이 만난다. 나에게는 커피 엑스포 같은 느낌도 들지만 가끔은 커피 관련 전장의 한복판에 와 있다는 느낌도 든다. 나처럼 맛있는 에티오피아 커피를 찾아 노닐듯이 에티오피아 여기저기를 다니는 사람들도 있지만, 전투적으로 커피 소싱에 임하는 업계 종사자들이 훨씬 많다.

  나는 한번 오면 장기 체류를 하다보니 오다가다 만난 사람들한테 듣는 커피 이야기가 상당히 많은데, 사람 사는 일이 그렇듯이 늘 재미있는 일만 있는 것은 아니다. 해외에서 꽤나 좋은 이미지를 가지고 있는 커피 회사가 정작 에티오피아에서는 추악한 방법으로 비즈니스를 하는 걸 목격하고 충격도 받고, 한국에서 SNS 등을 통해 요란하게 에티오피아 커피를 홍보하는 회사가 정작 에티오피아에서 가져가는 건 품질 떨어지는 저가 커피라는 걸 알고 내 일처럼 실망하기도 한다. 한국에 있을 때 우연히 들른 카페에서 맛있는 에티오피아 커피를 만났는데 그 업체 대표가 깐깐한 안목으로 고른 품질 좋은 커피를 좋은 가격에 수입한다는 훈훈한 이야기까지 들을라치면, 에티오피아 커피 공급업체에 한국의 그 커피 회사를 자연스럽게 소개하기도 한다.

  커피 산지를 가지 않고 수도인 아디스아바바에서 지낼 때 역시 내 생활은 날마다 커핑, 커핑 그리고 커핑이다. 나를 부르는 데도 많고 커피 관련 행사도 워낙 많다보니 그렇다. 정부 기관과 달리 커피 수출업체에서는 대개 커피 샘플 하나에 세 개 혹은 다섯 개의 컵을 준비한다. 커핑을 하면서 커피를 삼키지 않고 뱉어내지만 그래도 커핑 샘플이 많았던 날은 잠이 오지 않을 때가 많다.

언젠가 에티오피아인, 대만인, 독일인 그리고 나 이렇게 네 명이서 열세 개의 샘플을 놓고 비즈니스 커핑을 진행한 적이 있다. 그날 내가 직접 소싱한 시다마Sidama 샘플 두 개도 테이블에 올린 터라 좀 설레었다. 나와 대만 친구는 오전 일찍 다른 곳에서 이미 50개 이상의 샘플 커핑을 끝낸 후라 사실 녹초가 되어 있었다. 난 커핑 전에는 식사를 하지 않는 습관이 있어 더 기운이 없는 상태였다. 조용한 가운데 드디어 커핑이 시작되었다. 커피 슬러핑Slurping 소리만 방 안을 가득 채운 가운데 우리는 계속 테이블 주위를 돌면서 커핑을 진행했다. 다들 머릿속에서는 이 가운데 어떤 커피가 시장에 어필할까 빠르게 고민을 해야 하니 다른 생각이 들어올 틈이 없다.

커핑 후에 커퍼를 기다리는 건 흥미진진한 칼리브레이션 Calibration 시간. 커핑한 커피를 평가하고 토론하는 시간이다. 오전에 이미 나와 커핑을 해본 대만 친구는 묻기도 전에 내가 분명히 선택했을 거라며 몇 개의 샘플 번호를 불렀다. 귀신같이 맞혀서 놀랐다. 내가 소싱한 시다마 커피 중 하나는 극찬을 받았고, 다른 하나는 영 아니었다. 또 다른 샘플 하나가 의견이 분분했는데, 결론은 빅 바이어들한테는 관심을 받지 못하겠지만 국적 불문하고 스페셜티 커피를 취급하는 마이크로 로스터들한테는 대환영일 게 분명하다는 것이었다.

예전에 클래식 공연기획자로 일한 적이 있는데, 당시 내가 제일 좋아했던 시간은 유명 연주자들의 리허설 시간이었다. 미디어 취재를 위해 그들이 무대 복장으로 리허설을 진행할 때가 많았고, 나는 본 공연 전에 여러 가지 확인 작업 때문에 공연장에서 그들의 연주를 혼자 오롯이 들을 수 있었다. 이렇게 살다 죽어도 좋겠다 싶을 만큼 황홀한 순간이 많았다. 에티오피아 커피를 매일 접하면서 내가 제일 좋아하는 순간은 커핑 전에 로스팅해 쌓아놓은 커피들을 하나하나 그라인딩해 테이블에 올려놓을 때이다. 컵에 물을 붓기 전 갈아놓은 커피에서 올라오는 에티오피아 커피 특유의 향이 온 방을 꽉 채우는데, 또다시 나는 이렇게 살다 죽어도 좋겠다는 생각을 한다. 신선한 커피 아로마에 취해 내가 커피 산지를 헤매던 고생은 아무것도 아닌 것처럼 느껴지는 순간이 그렇게 찾아온다.

코로나19, 급변하는 상황

2020년 3월 13일 에티오피아에서는 코로나19 관련 일본 국적의 첫 확진자가 나왔고, 에티오피아 국적의 첫 확진자는 3월 15일 확인되었다. 코로나19 확진자의 출현은 나도 이제 에티오피아에서 마스크를 쓰지 않고 활동하기 어렵게 되었다는 것을 의미했다. 4월 초 에티오피아 정부에서는 코로나19 사태를 매우 엄중하게 보고 비상사태 관련 법령을 통과시켰다는 발표를 했다. 코로나 사태 이전 정치적인 이유로 에티오피아 전역에 비상사태가 선포되었을 때 나는 현지 조사를 하던 중이었는데, 지방을 제외한 도심 지역은 분위기가 삼엄하기 이를 데 없었다. 코로나19 비상사태가 선포되면 단순 권고가 아니라 무조건 따라야 하는 조치들이 많아질 터였다. 불과 며칠 뒤인 4월 8일, 5개월간의 비상사태가 선포되었다.

 비상사태 선포 이후에도, 겉보기에 에티오피아는 평화롭기 그지없었다. 사람들은 여전히 사회적 거리 유지에 무감했고, 극히 소수만 마스크를 쓰고 다녔다. 비자 때문에 출입국관리사무소에 다녀오던 날, 나를 포함해 아시안으로 보이는 사람들과 출입국관리사무소 담당 직원들만 마스크를 착용한 채 방역에 유의해 움직였다. 유럽계 방문객들은 마스크를 쓰지 않는 것은 물론 사회적 거리 유지, 기본적인 방역 수칙 지키는 일에 무신경해 보였다.

 워크퍼밋 비자Work Permit Visa를 비롯해 각종 비자 관련 업무를 취급하는 정부 기관들이 기약 없이 문을 닫아버려 나를 포함해 비자가 만료된 외국인들이 많았다. 나는 오랜 기간 에티오피아 내 한국인 커뮤니티와 교류하지 않고 지냈는데, 한국 정부와 에티오피아 정부가 모두 나를 포기하면 어쩌지 하는 공포감을 느끼기도 했다. 모두가 처음 겪는 일이라 정답이라는 게 없었고, 속 시원히 조언해줄 사람도 없었다.

답답한 마음에 에티오피아 외교부의 전자 비자 업무를 취급하는 공식 이메일 계정으로 연락을 했다. 발신만 가능한 이메일이라 생각하고 큰 기대를 하지 않았는데 답변이 왔다. 문제가 생기면 다시 연락하라는 문구와 함께 담당자 이름이 적혀 있었다. 내 인생에 가장 반가운 이메일 답변 중에 하나로 꼽을 만큼 기뻤다. 당장 담당자 메일로 연락을 취했다. 담당자는 내가 곧 에티오피아를 떠날 것임을 증명할 수 있는 항공권, 기존 비자, 여권 등을 챙겨 출입국관리사무소를 방문하라고 했다. 그곳에 가면 접수일로부터 5일간 체류 가능한 탈출 비자를 발급해줄 것이며, 미화 50달러의 비용이 소요될 것이라고 했다. 사안이 사안인 만큼 비자 만료가 3월 24일 이후인 경우 비자 없이 체류한 기간에 대한 벌금은 안 내도 된다고 했다. 그동안 섬처럼 고립된 기분에 막막했는데, 여차하면 탈출 비자를 받아 이곳을 떠날 수 있다고 생각하니 두려움이 조금 가셨다.

2020년 봄, 에티오피아

　코로나19를 '우한(중국 지명) 바이러스'라고 부르던 시절이 있었다. 코로나 관련 뉴스가 연일 보도되고 에티오피아에 1호 확진자가 나왔을 때, 호텔 로비에서 아시안인 나에게 사람들이 보내던 미묘한 시선을 잊을 수가 없다. 나는 그 호텔에 매년 묵어왔는데 그런 경험은 처음이었다. 식당에 내가 등장하면 대놓고 놀라니 나도 뭘 어떻게 해야 할지 모르겠고, 나를 오래 봐온 종업원들은 친절함이 부담스럽게 과해졌다. 내가 지나가면 투숙객들이 흘끔흘끔 쳐다보며 혐오감을 전달하려 애쓰는 모습이 역력했다.

　미룰 수 없는 미팅 때문에 단골 식당을 방문했는데 역시 내가 등장하자 뭔가 공기가 바뀐 느낌을 받았다. 종업원이 멀찍이 떨어져 주문을 받고 음료도 멀찍이 놓고 갔다. 그동안 여러 나라에서 장기 체류 경험이 있지만 내가 무딘 건지 운이 좋다고 해야 하는 건지 기억할 만한 인종차별 경험이 없었다. 믿을 수 없는 초유의 사태 앞에서 이런 낯선 경험이라니, 당연히 유쾌하지 않았다. 현지 친구들은 본인들도 해외에 갈 때 늘 겪는 일이라며 너무 심각하게 받아들이지 말라고 했는데 별로 위로가 되지 않았다. 모두가 이 고비를 잘 넘기길 바라는 것 말고는 할 수 있는 게 없었기에 무기력해졌다. 일상의 회복을 위한 전략이 간절히 필요했다.

해외에서 내가 통제할 수 없는 재난 상황을 두 번 경험했다. 첫 번째는 2015년 네팔에서 강진이 일어났을 때였다. 코이카 KOICA(한국국제협력단)나 국제기구 등에서 일하는 사람들은 기관에서 헬기를 띄워 수도로 불러들여 강제 귀국을 시키는 상황이었고, 내가 일하던 작업장의 한국인들도 이런저런 이유로 귀국을 했다. 나는 현지 상황 때문에 한동안 혼자 남아 작업장을 찾아오는 외국인들과 지진 복구사업을 했었다. 텐트도 만들고, 헌 옷 등을 모아 필요한 곳에 전달하기도 했고, 작업장에 수공예품을 납품하던 공정무역업체 대표들을 초대해 필요한 게 뭔지 듣는 시간도 가졌다. 아무튼 너무 외롭고 힘들고 고독해서 나쁜 생각을 하지 않기 위해 고군분투하던 시절이었다. 귀국 후 한동안 비행기를 타지 못했고, 카페에 앉아 있는데 앞에 앉은 사람이 테이블을 흔들라치면 무의식적으로 출구를 향해 몸을 움직였고, 신도림역 플랫폼에서 전철이 지나갈 때 지축이 흔들리는 걸 느낀 뒤로 일부러 거기를 피하기도 했다.

해외에서 경험한 두 번째 재난 상황은 에티오피아 체류 중 터진 코로나19 팬데믹이었다. 팬데믹 상황에서 마스크를 쓰는 게 나와 상대방 모두에게 이롭다는 게 상식이다. 하지만 마스크를 쓰고 밖에 나가는 행위 자체가 마스크에 거부감을 가진 사회에서는 엄청나게 위험한 상황에 노출되는 일이었다. 아시안 대상 혐오범죄 뉴스가 속속 등장했다. 나 역시 밖에 잠깐 나갔다가 나를 향해 소리치며 돌을 던지고 침을 뱉는 사람들을 마주치기도 했다. 정말 오물을 뒤집어쓴 느낌이었고, 그 충격은 이루 표현하기 힘들다.

이 사태가 끝나면 나름의 후유증이 또 찾아올 텐데 하는 걱정이 밀려왔다. 다시 내가 애정을 가지고 사람들에게 에티오피아를 소개할 수 있을까. 연구 목적이든, 사업 목적이든 에티오피아를 다시 찾아올 수 있을까. 고민과 불안이 꼬리를 물었다. 2020년 3월, 나한테는 봄이 영영 찾아올 것 같지 않았다.

다니엘 씨의 커피 선생

친구가 소개한 게스트하우스로 숙소를 옮겼다. 같은 호텔에서 무려 3개월 넘게 지냈는데 더 이상 버티지 못하고 나왔다. 게스트하우스의 위치가 내가 활동하기 편한 곳인지, 가격이 적당한지 등을 따지는 건 사치였고, 안전이 보장되면서 당장 입주 가능한 곳이면 되었다.

그렇게 옮긴 게스트하우스에서 주인 다니엘 씨를 만났다. 다니엘 씨는 커피 수출용 마대 안에 들어가는 녹색 플라스틱 비닐,

일명 그레인 프로Grain Pro를 에티오피아에 처음 들여와 판매한 사람이었다. 또 젊은 시절 한국에서 잠깐 일한 경험이 있어 한국인에게 우호적이라는 이야기를 이곳을 소개한 외국인 친구한테 들었다.

외출이 여의치 않자 맛있는 커피 마시기도 힘들어졌다. 나에 대한 이야기를 들어서인지 다니엘 씨는 입주 후 매일 제공하는 커피 맛이 어떤지 묻곤 했는데 나는 평가를 얼버무렸다. 사실 게스트하우스에서 제공되는 커피는 첫날 딱 한 모금 마시고 손이 가지 않았다.

내가 게스트하우스에 입주할 당시만 해도 외국인 투숙객들이 많았다. 대개 국제기구나 선진공여국 원조기관에서 일하는 사람들이었는데 강제 귀국 조치로 모두 떠나고, 2020년 4월에는 나까지 단 세 명이 남았다. 그런데 급하게 떠난 사람들이 놓고 간 물건들 중에 커피 드립 도구들이 있었다. 모카 포트, 그라인더, 드리퍼, 종이 필터 등 기본적인 도구들이었다. 궁하면 통한다더니 이게 웬 떡인가 싶었다. 로스팅한 원두는 '노르딕 스타일' 커피에 정통한 스웨덴 친구의 회사에서 싱글오리진으로 몇 가지를 얻었다. 나를 비롯해 맛있는 커피가 간절했던 모두의 노력으로 게스트하우스에서 이제 제대로 된 커피를 즐길 수 있는 환경이 갖춰진 것이다.

'맛있는 커피 마시기 프로젝트'에 가장 적극적이었던 다니엘 씨는 하루에 두 번씩 꼬박꼬박 내게 연락했고, 나는 기꺼이 식당에 내려가 다니엘 씨에게 핸드드립 요령을 알려주었다. 마치 한국인 집에 묵는 외국인 손님이 주인장에게 더 맛있는 된장찌개 끓이는 법을 가르친 셈이라고나 할까. 워낙 좋은 커피를 사용한 이유도 있겠지만, 하루에 두 번 핸드드립 기초 강의를 듣고 커피에 홀딱 빠져버린 다니엘 씨의 드립 실력은 일취월장이었다. 다니엘 씨는 여러 친구들을 통해 내 얘기를 들어온 터라 그랬는지 외국인인 내게 커피를 배우는 것에 열심이었다. 그렇게 우리는 '맛있는 커피 마시기 프로젝트'를 성공적으로 이행했다.

게스트하우스에서

이사 와서 새로 사귄 '셀람'은 게스트하우스의 음식을 준비해주는 분이었다. 가끔 내 방문을 두드리는 소리에 나가보면 문앞에 셀람이 놓고 간 이런저런 음식이 있었다. 라임, 생강을 저며 만든 차에 꿀을 넣은 음료 한 주전자, 새로운 레시피로 끓인 수프 등이었다. 셀람이 내 공간을 처음 방문한 날, 그녀는 숙련된 솜씨로 부엌을 정리해주기도 했다. (내 방에는 작은 부엌이 딸려 있었다.) 부엌을 아직 사용하지 않았다고 했더니 그녀는 부엌으로 성큼성큼 들어갔고, 내가 사다만 놓고 풀지 않은 물건들을 자기 살림처럼 정리해줬다. 갑자기 떠난 사람들이 주고 간, 싱크대 한쪽에 쌓인 식재료들을 보더니 과일이랑 달걀은 냉장고 전원을 켜고 안에 넣었고, 한 꾸러미의 얌(찌면 고구마 맛이 난다)을 보고는 물에 북북 씻더니 쪄서 가져다주겠다고 했다. 그날 셀람은 약속한 대로 얌을 쪄서 랩을 씌워 방문 앞에 놓고 갔다. 잊지 않고 챙겨준 것도 고마웠지만, 꼭 우리나라 절편처럼 썰어 가지런히 세팅을 한 정성에 더욱 감동했다. 내가 탐을 내면서도 도저히 흉내 낼 수 없는 남들 재주 중에 테이블 세팅이 있는데 셀람도 그런 재주가 있었다. 친구 집에 여러 명이 모여 배달 음식을 시키면 그걸 그럴싸하게 담아내는 친구가 꼭 있지 않나. 난 인생의 최우선 순위를 음식에 두는 사람인데, 혹 지구에 재난이 닥치면 진라면과 햇반을 우선 챙기고 셀람 같은 이 옆에 바짝 붙어 있어야겠다고 그날 생각했다.

한국을 떠나온 후 한동안 넷플릭스를 시청하지 못하고 있었다. 인터넷이 되는 곳이라도 속도가 나오지 않아 짧은 유튜브 동영상 보는 일도 아예 포기하고 지내던 터였다. 그런데 게스트하우스 복도에서 인터넷이 잘 잡혀 앱을 열었더니 영화를 볼 수 있는 수준이었다. 금광을 발견한 기분이었다. 처음엔 복도에 의자를 내놓고 이리저리 위치를 옮기며 작은 핸드폰 화면으로 영화를 봤는데, 나중에는 다니엘 씨가 라우터를 달아줘 방에서도 편하게 넷플릭스 시청이 가능해졌다. 그렇게 넷플릭스에서 모국어 그리고 한국을 다시 만났다. 넷플릭스에서 만나는 서울은 마치 꿈만 같았다. 난 거기서 태어나 자랐는데…. 화면으로 보는 서울은 선진국의 도시가 분명했고, 내겐 몹시 낯선 다른 세계 같았다. 그렇게 꿈속을 거닐다 퍼뜩 깬다. 전기가 나간 것이다. 전기가 나가는 일이 잦으니 이를 대비해 전자제품 충전을 미리 해두어야 한다. 전자책도 다운로드해놓고 뉴스도 챙겨 보고 페이스북이나 블로그 등에 틈틈이 글도 올리면서 나름 규칙적인 생활을 이어갔다.

오로미아 지역, SNNPR(남부민족국가州), 티그라이 지역의 락다운이 시작되었다. 아직은 열대과일을 실컷 먹고 있지만 농산물 최대 공급처인 오로미아 지역이 봉쇄되었으니 곧 식재료 수급도 난항을 겪게 될 것이다. 전통시장이나 슈퍼마켓에서 구할 수 있는 신선한 재료들이 점점 줄어드는 걸 체감했고, 일인당 구매 수량을 통제하는 곳도 생겼다. 게스트하우스에서 제공되는 음식들도 하루가 다르게 초라해졌다. '갓 지은 따뜻한 밥에, 들기름에 달달 볶은 김치, 달걀말이, 생선구이, 구운 김…. 같이 먹으면 맛있겠다.' 이런 생각을 참 많이도 했다. 영양실조 증상인지 피부가 버석거리고 트러블이 올라왔다.

게스트하우스 식구들끼리 커피를 마시며 바깥 상황에 대해 이야기를 나누었다. 애써 감정을 감추며 남 이야기하듯 했지만 우리 사이에 떠다니는 두려움을 느낄 수 있었다. 격리된 사람들 끼리 한량처럼 둘러앉아 최상품 커피를 나눠 마시며 아웃브레이크 최악의 상황에 대해 해답 없는 이야기를 나누는 것. 우리가 할 수 있는 전부였다. 우리는 그렇게 그 시간을 묵묵히 견뎠다.

아직 신어보지 못한 새 운동화

4월 중순, 일본 자이카JICA(우리나라 코이카 같은 일본의 원조 기관) 전문가로 에티오피아에서 커피 프로젝트를 진행하는 친구가 메일을 한 통 보냈다. 주에티오피아 일본대사관에서 에티오피아에 거주하는 자국민들에게 보내는 이메일이었다. 내용은 가능한 한 빨리 철수를 준비하고, 다음 주에 떠나는 비행기를 마지막으로 당분간 일본행 비행 스케줄은 미정이라고 했다. 일본으로 떠나는 비행기는 한국을 경유하는 에티오피아 항공편이었다. 다시 말해, 한국으로 떠나는 비행기 일정이 다음 주 이후에는 불확실하다는 의미였다.

비상사태가 9월까지는 이어질 테고, 그 전까지 계속 이런 상황이라면 난 영양실조로 탈이 나든, 코로나에 걸려 탈이 나든 정상적인 생활은 힘들 거란 판단이 들었다. 일단 웃돈을 주고 비행기 티켓을 구했다. 다니엘 씨한테 내 남은 짐을 부탁하고 그렇게 탈출하듯 에티오피아를 떠났다. 게스트하우스 사람들 말고는 누구와도 작별 인사를 나눌 겨를이 없었다.

인천 공항에 도착하기 전부터 기내에서 나눠주는 서류가 많았는데, 전부 다 읽은 후 내 사인을 요구하는 것들이었다. 아디스아바바 볼레 공항의 텅 빈 면세점과 활주로에 일렬로 선 날지 못하는 비행기들을 보면서 많이 우울했는데, 그 마음은 착륙 후 인천 공항에서도 여전했다.

세관을 통과하기 전 휴대폰에 자가격리 앱을 깔아 바로 작동시켰다. 의료진 복장의 사람들과 군복을 입은 사람들, 공항 직원들이 내가 가는 길 여기저기에 도열해 있었고, 난 마치 고국이 아니라 외국 어느 공항에 불시착한 사람처럼 제복 입은 사람들의 안내를 따라 움직여야 했다. 요구하는 개인정보를 주고, 사인하라는 곳에 사인도 했다. 볼레 공항에서 이륙 후 인천 공항에 착륙할 때까지 내내 긴장을 한 터라 난 몹시 피곤했고 거의 얼이 빠진 상태였다. 공항 안은 어디나 삼엄했고 '일사불란'이 무슨 의미인지 온몸으로 경험할 수 있었다. 늘 그 앞에서 경쟁이 지열했던 보관소의 카트들은 마치 공장에서 금방 출시한 듯 나란히 줄을 맞춰 세워져 있었고, 수하물 찾는 곳도 한산하기만 했다. 출국장으로 나오니 '육군'이라는 글자를 크게 박은 제복을 입은 사람들이 줄지어 서 있었고, 나는 그들의 안내에 따라 격리 장소까지 이동했다. 내 관할 지역 공무원은 도착할 때까지 나의 동선을 계속 확인했다.

도착한 다음 날 관할 지역 보건소의 선별진료소에서 말로만 듣던 코에서 점액질 추출하는 검사를 받았고, 외부와 접촉하지 않기 위해 관에서 지정해준 차량을 이용해 이동했다. 공무원들은 매일 몇 차례 전화를 걸어 내 위치를 확인했고, 가끔 아무 연락 없이 숙소 앞에 와서 창밖으로 손을 흔들라고도 하는 등 정말 열심히 소임을 다해 나를 감동시키기도 했다. 나는 매일 두 번 체온을 재서 보고하고, 앱으로 특이사항이 있는지 체크를 해서 보냈다. 내 자가격리 앱의 GPS 수신에 문제가 생겨 불시에 공무원 2인과 경찰 2인이 격리 장소를 방문하는 일도 있었다. 한편으로는 공포스러웠지만 프라이버시를 따질 형편이 아니었고, 나는 인터넷을 통해서만 바깥과 교류했다. 공동체의 안전에 방해되는 일 없이 무조건 격리 기간을 잘 마치고 싶은 마음에 솔직히 큰 스트레스는 없었다. 격리 기간 해제 후, 내 쓰레기는 따로 처리해야 한다며 공무원이 마지막 연락을 했다.

2020년 5월. 해외입국자 자가격리 기간이 끝날 때쯤 확진자 숫자가 떨어지고 있어 희망적이었다. 에티오피아에서 귀국하기 전 인터넷으로 주문한 운동화를 꺼내 내 발등에 맞춰 끈을 묶었다. 슬슬 밖에 나가볼 참이었다. 하지만 이태원 클럽 관련 검사 대상자가 수천 명이라는 뉴스를 본 후, 나의 자발적인 격리 생활은 다시 시작되었다. 내 새 운동화 개시일은 언제가 될지 알 수 없었다. 어쨌거나 나는 나의 일을 계속하는 수밖에.

/ 연구자에서 사업가로 /

로스팅 기계부터 사고 말았다

커피 사업을 하더라도 본사는 한국이 아니라 에티오피아에 마련할 생각이었다. 하지만 코로나19 사태로 에티오피아를 급하게 탈출해야 했고, 귀국 후에는 정년퇴직한 사람마냥 시간을 보냈다. 에티오피아에서 오는 커피 샘플만 받는 장소가 따로 있었지만, 커핑이며 테이스팅을 필요한 시간에 잘 해내지 못해 그동안 많이 우울했다. 그래도 당장 뭔가를 시작할 엄두는 내지 못했다.

그러던 어느 날, 독일산 커피 로스팅 기계로 유명한 프로밧 매장에 들렀다. 전시된 기계만 구경하려 했는데 어쩌다보니 거하게 쇼핑을 해버렸고, 당장 기계들이 도착하기 전까지 공간을 마련해야 했다. 그러고보면 난 여행도 꼼꼼히 준비해서 가는 타입이 아닌데 인생 여정도 비슷하게 가는 것 같다. 기계를 샀으니 부려놓을 공간을 찾아야 했다. 지하철역에서 걸어갈 만한 위치에 너무 번잡스럽지 않은 곳, 그리고 무조건 조도의 차이가 없는 곳을 고집했는데, 다행히 적당한 공간을 찾았다. 생두 보관 창고와 별개로 매장에도 생두를 쌓아놓아야 하는데, 여기는 냉난방기 도움 없이 12~17도로 온도가 유지되었다.

장사에 문외한이라 주변 환경을 꼼꼼히 고려하지 않았는데 다행히 좋은 이웃을 많이 만났다. 백반에 몹시 진심인 내게 매장 바로 옆의 백반 맛집은 행운이라는 표현이 딱 맞다. 또 백반 맛집은 식사 후 손님들을 우리 매장으로 많이 보내주고, 피자 맛집은 우리 매장의 테이크아웃 손님들이 앉을 자리를 찾을 때 실내 테이블을 내준 적도 있다. 코로나19 감염에 대한 우려로 난 식당에 손님이 없을 때만 밥을 먹으러 다니는데 사장님들이 식사 후 디저트까지 챙겨준다. 소중한 이웃들이 이 위기 속에서 문 닫는 곳 없이 잘 살아남기를 바랄 뿐이다.

에티오피아커피클럽 오픈합니다!

매장 계약이 끝난 후 인테리어 공사를 하려고 천장을 열었다. 그런데 생각보다 층고가 높았고, 아무것도 안 한 게 나빠 보이지 않아 천장은 그 상태로 두기로 했다. 사실 기계 구입에 돈을 너무 많이 써서 인테리어에 쓸 돈이 거의 없었다. 로스팅 기계는 프로밧으로 고르고, 그라인더는 디팅과 말코닉을, 또 에스프레소 추출을 위해서 큰맘 먹고 모드바를 들였기 때문이다. 부족한 건 커피 많이 팔아서 나중에 천천히 잘 꾸며보자고 스스로를 위로했다.

그렇게 나는 2021년 1월, 지하철 5호선 마곡역 근처에 에티오피아 커피 전문점 에티오피아커피클럽을 오픈했다. 그리고 그동안 내가 꿈꿨던 일들을 구현하기 위해 필요했던 온오프라인 플랫폼이자, 커피를 매개로 한 문화콘텐츠 회사 벨레투는 우여곡절 끝에 에티오피아가 아닌 한국에 둥지를 틀었다.

처음 해보는 사업은 아직 어렵기만 하다. 하지만 우왕좌왕하지는 않는다. 나에게는 에티오피아 그리고 커피라는 설렘 버튼이 있고, 그 설렘이 좌표이자 지도이기 때문이다. 무작정 공부가 좋아 떠났던 유학이 중국, 일본, 영국을 거쳐 아라비카 커피의 고향 에티오피아까지 가닿았다. 철학, 사회학, 지리학으로 이어진 공부는 마법처럼 나를 커피와 만나게 해주었다.

아직도 끝이 아닌 길 위에 있는 내가 어떻게 그 긴 시간을 지치지 않고 공부하며 내가 좋아하는 일을 찾아 하루하루 설레며 살 수 있었을까? 지금부터 당신과 그 여정을 공유하려 한다.

2장.

공부에 맛들이다

/ 증권회사를 그만두고 시작한 공부 /

사직서를 제출하다

고등학교를 졸업하자마자 대학에 가지 않고 직장 생활을 시작했다. 첫 직장이 증권회사였는데, 고등학교 때 나를 아껴주시던 선생님께서 출근 첫날 회사로 팩스를 보내셨다. 새해 첫날처럼, 언제나 새로 시작하는 마음으로 열심히 직장 생활을 하라는 내용이었다. 그 응원의 말이 힘이 되었는지, 회사에 뼈를 묻겠다고 할 정도는 아니었지만 최선을 다하겠다는 순수한 마음으로 직장 생활을 해나갔다.

혼잡한 출근 시간에 소매치기도 몇 번 당하고, 치한과 맞닥뜨린 이후로는 출근을 아침 7시로 당겼다. 덕분에 미화원 분들과 허물없는 사이가 되었다. 오전 8시가 되어 동료들이 하나둘씩 출근을 시작하면, 나도 하루 일과를 시작했다. 출근 시간은 정해져 있었지만 퇴근 시간은 일정하지 않았다. 특히 계열사 전체 임원 회의가 있는 매주 화요일에는 회의 자료에 대한 최종

결재가 밤 10시가 넘어야 떨어져서 늦은 시간까지 꼼짝없이 야근을 해야 했다. 당시에는 사무실에 컴퓨터도 몇 대 없어서 수작업을 병행했던 터라, 수십 부나 되는 회의 자료를 만들다보면 다음 날은 손 여기저기 종이에 베인 상처투성이였다. 철마다 만들어야 할 자료들은 어찌나 많은지 월별, 분기별, 반기별, 연도별로 각종 자료들을 모두 챙겨야 했다. 동료들은 친절했지만 남녀 간의 차별이 존재했고, 대학을 졸업한 사람과 그렇지 않은 사람과의 구분도 확실했다.

나는 회사에서 성실한 직원이었고, 집에서도 문제없는 딸이었다. 월급날이 되면 기쁜 마음에 책을 사기도 하고, 친구들을 만나 밥이며 차를 사곤 했다. 그렇지만 수당도 없는 야근을 밥 먹듯 하려니 억울해서 도저히 안 되겠다 싶었다. 그래서 늦은 시간 매번 택시를 타고 귀가하기 힘드니 야근이 적은 다른 부서나 집 근처의 지점으로 옮겨달라고 건의했다. 직속상관은 지금 하는 일의 특성상 다른 사람한테 한꺼번에 인수인계하는 것은 번거로우니, 새로 직원을 뽑아 일손을 덜어주겠다며 조금만 더 기다려보라고 날 구슬렸다. 하지만 시간이 한참 흘러도 새로운 직원은 오지 않았다. 알고보니 내 전임자도 8년간 일하다가 육아휴직을 핑계로 겨우 그만둘 수 있었다고 했다. 일도 힘들었지만, 한 살이라도 젊을 때 대학에서 공부하고 싶은 마음이 더욱 간절해졌다.

결국 굳게 결심하고 회사를 무작정 그만두었다. 나는 한낱 불평이 아니라 진지하게 퇴사를 고려하고 의사를 전달했는데, 부서에서는 설마 그만두기까지야 하겠냐는 분위기가 계속되어 아예 출근하지 않은 것이다. 무단결근 횟수가 잦아지자 드디어 회사에서 후임자를 데려왔으니 인수인계하라는 연락이 왔고, 마침내 사직서가 수리되었다. 퇴사 후 곧바로 학원에서 대학 입시 준비를 시작했다. 뒤늦게 공부해서 대학에 입학할 수 있을까, 이러다 안 되면 다시 취직을 해야 하나, 이런저런 고민이 많았지만, 어찌어찌 고독한 수험 생활을 잘 버텨내고 다음 해 대학에 입학할 수 있었다.

'진짜'를 찾아서

기대했던 대학 생활은 생각처럼 낭만적이지 않았고 적응하기도 쉽지 않았다. 지금 생각해보면 스물이나 스물넷이나 별반 차이 없는 어린 나이지만, 그 당시 나이 어린 선배들은 내 호칭을 어떻게 해야 할지 몰라 불편해했고 동기나 후배들도 나를 몹시 어려워했다. 그들에게 나는 아주 애매한 위치였다. 그냥 선배, 혹은 언니라고 부르면 됐을 텐데 뭘 그리 따졌을까 싶다.

부지런히 수강 신청을 해서 열심히 수업을 들었지만, 학교 공부에도 별다른 흥미를 느끼지 못했다. 수업을 듣다가 따분하면 옆 교실에서 잠을 청하거나 도서관에 갔고, 정처 없이 걷다가 종로 혹은 대학로쯤에서 전철을 타고 집으로 돌아가는 날이 많았다. 물론 대학에 간 것을 후회한 적은 없었다. 다만 뚜렷한 목표가 없어서 그랬는지 입학 후 첫해는 목적지 없는 배처럼 학교 주변을 떠도는 느낌이었다. 그런 고민을 나만 품고 있었던 건 아니었나보다. 대학에 왜 왔는지 몰라 방황하는 학생들이 의외로 많았고, 금전적인 이유로 중간에 학업을 포기한 학생도 있었다. 나도 부모님에게 손을 벌리고 싶지는 않아서 스스로 학비를 해결했기에 대학 생활이 그리 여유롭지는 않았지만, 틈틈이 배낭여행도 다니며 다행히 휴학하지 않고 졸업할 수 있었다.

학과 사람들은 많이 사귀지 못했지만 학과 밖에서 좋은 사람들을 많이 만났고, 그때 만난 사람들과 지금도 좋은 관계를 유지하고 있다. 1학년 겨울 방학이 시작되기 전이었는데, 교양 과목을 함께 듣던 어떤 선배가 방학 동안 같이 공부해보지 않겠느냐며 넌지시 물어왔다. 운동권 출신으로 장기간 복역하다 재입학한 사람으로, 나보다도 열 살 이상 나이가 많았다. 방학 동안 국문과와 중문과 학생들이 모여 '사서오경四書五經' 중에 『논어』와 『중용』을 읽을 예정인데, 한자 능력이 떨어지는 학생들을 위해 우선 『천자문』을 잠깐 공부하고 시작할 것이며, 철학과 학생도 있었으면 좋겠다고 했다. 해설서를 읽는 게 아니라 서당에서 공부하듯 한자를 직접 읽고 해석하며 그 뜻을 음미할 계획이라고 했다. 나이 많은 선배의 말이라 거절하기 어려웠던 데다, 한 학기 동안 나를 지켜봤다고 하기에 마음이 움직였다.

    선배가 서당 선생님 역할을 맡았고, 우리는 매일 새로운 한자를 배워나갔다. 해석이 만족스럽지 않은 날은 한 문장을 두고 끙끙댈 때도 있었지만, 선배의 강력한 카리스마 덕분에 계획했던 공부를 끝낼 수 있었다. 공부하느라 그 당시 한창 유행하던 〈모래시계〉도 챙겨 보지 못해서 정동진의 소나무가 유명한 이유를 아직도 알지 못하지만, 그 겨울의 공부 덕분에 동양철학에 관심을 갖게 됐다.

    대학을 졸업하고 7, 8년쯤 지났던가. 그사이 중국 유학도 다녀오고, 한참 예술학교의 대학원 과정을 다니며 문화예술 관련 일을 왕성하게 할 때인데, 일본국제교류기금의 8개월짜리 연수를 받게 되었다. 일본으로 떠날 때 짐 사이에 두툼한 『맹자』 한 권을 챙겨 넣었다. 무슨 배짱인지 모르겠지만 8개월이면 『맹자』를 한 번은 읽을 수 있을 것 같았다. 독서도 타이밍이라고 생각하는데, 우연히 내 옆방에 고려대학교에서 '맹자'로 박사 논문을 쓴 사람이 같은 8개월짜리 코스로 왔다는 사실을 알았다. 그는 논문도 끝냈으니 이제 홀가분하게 『맹자』를 다시 읽을 요량으로 중국어로 된 원서를 가지고 왔단다. 우리는 신기한 인연이라며 도착한 다음 날부터 점심시간 30분 동안 꾸준하게 『맹자』를 읽었고, 가끔 주말에는 더 오랜 시간 같이 읽었다. 그는 오랜 박사 과정 동안 수행자처럼 공부하던 습관이 몸에 밴 터라, 나도 그이의 가볍지 않은 몸가짐과 마음가짐을 존중하며 정말 재미있게 『맹자』를 읽어나갔고 무사히 완독했다. 내가 가져간 책 마지막 페이지를 넘긴 날, 우리가 머물던 일본국제교류기금 간사이국제센터의 3층 구내식당에서 조촐하게 와인 파티를 했던 기억이 난다.

철학과를 졸업했다고 하면 도대체 철학이 뭐냐는 질문을 많이 받는다. 철학이라는 학문은 플라톤이나 아리스토텔레스를 아는 것만이 그 목적은 아니라고 생각한다. 동양 철학, 서양 철학으로 나눌 것도 없이, 철학의 목적은 열심히 생각해서 분명하게 하는 것이다. 깊은 사유를 통해 나를 찾고 나만의 것을 확립하는 데 진정한 의미가 있다고 생각한다. 진짜를 찾는 과정을 거쳐 마침내 내 것을 갖게 되는 것이다.

돌아보면 내가 4년 동안 철학과에서 배운 것은 사색의 필요성, 걷기의 소중함, 자기 생각을 가지고 살아가는 일의 중요함이 아니었나 싶다. 하루에 단 몇 분이라도 자신과 마주할 수 있는 사람과 그렇지 않은 사람의 인생은 분명히 차이가 있을 것이다. 걷는 것을 워낙 좋아하기도 하지만, 가급적이면 하루 한 시간 정도 산책하려고 노력한다. 걸을 때는 음악도 듣지 않고, 오직 마음을 비우는 데 집중한다. 걷다보면 잘 안 풀리던 일이 정리되고 해결 방법을 얻을 때도 많아서, 일이 안 된다 싶으면 일단 밖으로 나가 걷기 시작한다. 대학 생활 4년 동안 철학을 '공부'한 게 아니라 '경험'할 수 있었다는 것은 내 인생의 큰 축복이었다.

/ 해외여행 공모전 도전기 /

공짜로 해외에 갈 수 있다고?

　대학교 2학년 때였다. 신문을 넘기다 우연히 공짜로 해외에 갈 수 있다는 광고를 봤다. 요즘은 대학생 대상의 공모전이 많지만, 그 당시엔 드문 기회였던지라 광고를 보자마자 눈이 번쩍 뜨였다. 같은 대학 소속 학생 네 명이 한 팀이 되어 일정한 분야에서 최고로 앞선 나라의 선진 기관을 견학하는 내용의 프로젝트였다. 모집 공고에 따르면, 기업에서 모든 비용을 지불하며 방문국이나 기간은 지원자가 정할 수 있다고 했다. 이른바 21세기 버전의 '신사유람단 프로젝트'였다.

　우선 팀원을 찾아야 했다. 일단 동기 중에서 이 프로젝트에 관심을 보이는 사람을 찾기 시작했는데, 후보 영순위로 당장 들이고 싶은 친구가 눈에 띄었다. 이미 해외 배낭여행을 다녀와 여행기를 써서 팔던 친구였는데, 여대에서 음화를 그려서 팔기도 할 만큼 괴짜였다. 그리고 방문 지역은 정하지 않았지만 영어로 의사소통이 가능한 사람이 한 명은 있어야 할 것 같아서, 영어에 능통한 친구를 찾았다. 또 대기업에 다니는 오빠를 통해 인터넷을 사용할 수 있는 친구에게 자료 조사 도움을 청하다가 자연스럽게 그 친구가 마지막 팀원이 되었다.

며칠 만에 좋은 아이디어가 떠올랐다. 지금은 얼마나 달라졌는지 모르겠지만, 그 당시의 탁아 시설은 정부에만 의존해서 기업들은 나 몰라라 하는 경우가 태반이었다. 이제는 기업이 주체적으로 움직여야 할 때라고 생각해 '탁아, 이제 기업이 나서야 한다'라는 주제로 프로젝트를 진행하기로 했다. 비록 공짜 해외여행이라는 잿밥에 관심이 커 공모전에 참여하게 되었지만, 계획서만큼은 알차게 준비했다. 직장 생활을 하면서 익혔던 업무 기술이 기업에서 요구하는 서류 양식을 꾸미는 데 큰 도움이 되었다. 팀원이 확정된 후 1차 서류를 접수하기 전까지 날마다 모여 회의를 했다.

방문국을 선정하는 게 문제였는데, 일단 미국, 일본, 스웨덴을 탁아의 선진 모델로 잡았다. 그다음, 각 나라별로 방문할 기관 리스트를 뽑기 위해 탁아 관련 협회나 연맹을 찾은 후 범위를 좁혀나가기로 했다. 그곳을 방문할 수 있을지는 모르지만, 일단 기관 담당자들에게 이메일과 팩스를 보냈다. 우리는 대한민국에서 공부하는 대학생들이며, 이번 여름에 이러저러한 취지로 그 기관을 방문하고 싶은데 협조해줄 수 있겠냐는 내용이었다. 답변이 바로 온 곳도 있었고 서류를 접수할 때까지 답을 받지 못한 곳도 있었지만, 참가 신청서의 구색을 갖추기에는 충분했다. 신문 광고를 처음 접했을 때만 해도 과연 가능한 일일까 싶었는데, 일단 판을 벌이고 나니 의외로 수월하게 진행되었다. 예산이 정해지지 않아 동선을 우리 마음대로 짠 것 말고는, 지금 생각해도 거의 완벽한(?) 계획서였다.

면접장에서 하얗게 질리다

다들 즐겁게 공모전을 준비했지만, 선발에는 큰 기대를 걸지 않았기 때문에 서류를 접수하고 난 후에는 다시 일상으로 돌아갔다. 그런데 발표 전날 삐삐가 울렸다. 신청서를 접수한 회사의 프로그램 담당 과장이었다. 전화를 걸어보니 아직 정식 발표는 나지 않았지만 우리 팀이 제출한 서류가 심사를 통과했다며 내일 발표 전에 만나자고 했다. 연락을 미리 해준 것은 고마운데, 내일이면 결과를 알게 될 일을 굳이 먼저 만나 직접 듣자니 뭔가 찜찜했다. 본선 심사 전에 계획서 수정에 대한 조언을 주고 싶다는 이유였는데, 직접 만나러 가기 전까지 오만 가지 생각이 떠올랐다.

'의문의 과장님'은 정확히 약속한 시간에 나왔고, 목소리만큼 인자해 보여서 일단 안심했다. 과장은 우리 팀이 제출한 계획서를 굉장히 재미있게 읽었다며, 준비 과정에 대해 이것저것 물어보았다. 다만 주제도 좋고 내용도 좋은데 동선이 복잡하고 경제성이 떨어져 보인다며, 방문국 수를 줄이면 좋겠다는 조언을 해주었다. 이미 제출한 서류를 도중에 수정하는 것이 가능하냐고 물었더니, 면접장에서 새로 준비해 간 자료를 제출하면 된다고 했다.

그다음 날 팀원들과 함께 모여 신문을 펼쳐 들었는데, 정말 우리 팀 이름이 있었다. 미리 전해 들은 결과였지만, 그렇게 신기하고 기쁠 수가 없었다. 최종 선발팀으로 뽑히기 위해 당장 계획서 수정 작업에 들어갔다. 방문국을 일본으로 좁히고, 방문 기관과 스케줄을 좀 더 구체적으로 짰다. 그렇게 다시 계획서를 만들어 면접 당일에 면접장으로 당당하게 들어갔다. 그런데 상황은 예상치 못한 방향으로 흘러갔다. 계획서를 수정했다고 정중하게 말하니, 면접관들이 왜 마음대로 자료를 수정했냐며 오히려 크게 화를 냈다. 순간 머릿속이 하얘졌다. 팀원들도 나와 같이 패닉 상태였고, 결국 심사위원들의 질문에 제대로 답변조차 할 수 없었다.

그해 여름, 나는 미국도, 일본도, 스웨덴도 못 가고 동네 비디

오 가게에 틀어박혀 아르바이트를 할 수밖에 없었다. 좋은 추억이 되리라 생각해서 동기들까지 부추겨 일을 저질렀는데, 결국 기억하고 싶지 않은 악몽이 되고 말았다. 나만 믿고 따라와준 팀원들에게 미안해서 그 일이 있고 나서는 한동안 그들을 만날 수 없었다. 요즘에도 신문에서 비슷한 공모전을 볼 때마다 그때의 악몽이 되살아나곤 한다.

/ 배낭 메고 유럽으로 /

두근두근 첫 해외여행

　1993년, 여행자유화가 발표된 이후 해외 배낭여행은 당시 모든 대학생들의 꿈이었다. 그러나 내겐 멀기만 한 남의 나라 이야기였다. 탄탄한 직장을 그만두고 대학을 간 데다 돈 안 되는 철학을 전공하니, 4년 동안 학비며 생활비를 스스로 벌어서 충당하겠다고 선언했기 때문이다. 아르바이트 때문에 장기 여행은 꿈도 꾸지 못했고, 비행기까지 타고 가는 해외여행은 더더욱 불가능했다.
　계절이 바뀌고 새 학기가 시작될 때마다 해외 배낭여행을 계획하거나 다녀온 여행에 대해 이야기꽃을 피우는 학생들이 점점 많아졌다. 돈만 있으면 훌쩍 떠날 수 있는 시절이었다. 밥 먹으러 갈 때마다 학교 구내식당 옆에 있는 여행사 사무실이 나를 향해 손짓하는 듯한 유혹에 시달렸다. 이전에 국내 배낭여행을 몇 번 해봤던 터라 이제는 해외로 떠나고 싶었다. 가급적이면 아무에게도 도움받지 않고 조용히 혼자 다녀오고 싶었다.

결국 햇살이 따뜻한 5월의 어느 봄날, 유혹을 이기지 못하고 학교 여행사 사무실을 찾아갔다. 목적지도 결정하지 않은 채, 곧 어딘가로 떠날 사람처럼 일단 여권부터 만들었다. 복잡할 줄 알았는데 의외로 아주 간단했다. 사진과 돈만 있으면 만들 수 있었다. 곧바로 서점에 들러 유럽 여러 나라와 문화를 소개한 서적을 찾아 읽기 시작했다. 다른 지역은 모르겠지만, 유럽은 여행 문화가 잘 정착되어 있다는 이야기를 들은 터라 혼자 떠나기에 좋을 것 같았다. 자료 조사를 대충 마친 후, 이미 여행을 다녀온 친구들로부터 소개받은 여행사를 열심히 방문했다.

시간이 흐르면서 여행 일정 짜는 요령도 생겼고 경비를 줄이는 방법도 터득했다. 그 당시 주식 투자를 조금 했었는데, 일이 풀리려고 그런 건지 여행 바람이 한참 불 때 수익이 꽤 생겼다. 우선 되는 대로 팔아서 가장 저렴한 유럽행 왕복 항공권을 구입했다. 언제 떠나고 돌아올지가 결정되었으니, 이제 그 기간 동안 뭘 할 수 있을지 구체적으로 계획을 세울 필요가 있었다. 고민에 고민을 거듭하며 유럽에 가게 되면 꼭 방문하고 싶은 나라를 대여섯 군데로 추렸다. 그리고 배낭여행객들이 많이 읽는 여행 서적을 샀다. 그렇지만 이 책만 따라다니면 결국 저자가 다닌 여행길을 그대로 따라가는 셈이니, 두툼한 책에서 내가 갈 곳만 우선 떼어냈다. 그리고 그동안 모아놓은 자료를 합쳐서 넘기기 쉽게 제본했다. 그렇게 나만의 유럽 배낭여행 가이드북이 탄생했다.

독일에서 김치를 담그는 여인

　나의 첫 해외여행은 싱가포르를 거쳐 영국 히드로 공항에 도착하는 일정이었다. 전체 일정 중 며칠을 손해 봐야 하고 도중에 비행기도 갈아타야 하지만, 가격이 싸다며 여행사에서 추천한 것이다. 한편으로 생각해보면 이참에 유럽뿐 아니라 싱가포르까지 덤으로 갈 수 있으니 나쁠 게 없었다. 귀국할 때는 네덜란드 암스테르담에서 출발해 다시 싱가포르를 거쳐 돌아오는 일정이었다.

　그때는 인천 공항이 없을 때라 난생처음 비행기를 탄 곳이 김포 공항이었다. 더운 바람을 맞으며 경유지인 싱가포르 창이 공항에 도착했다. 별천지가 따로 없었다. 지금 생각해보면 버스 터미널 규모의 김포 공항과 아시아 항공 물류의 중심지였던 창이 공항은 애초부터 비교 대상이 아니었다. 바깥에 이런 세상이 있는데 여태껏 안에서만 복작대며 살고 있었다고 생각하니 억울하기까지 했다.

　처음 하는 해외여행인지라 걱정이 이만저만이 아니었다. 비행기에 타서는 혹시 외국인 승무원이 내 말을 못 알아들어서 물 한잔 못 얻어먹는 건 아닌지, 멀미가 심하면 어떻게 해야 할지, 착륙하는 순간까지 좌불안석이었다. 비행기에서 내리고도 출입국 카드를 적을 때는 이렇게 쓰는 것이 맞는지, 혹시 잘못되어 한국으로 돌아가야 하는 건 아닌지, 별것 아닌 종이 한 장을 들고서 공항을 벗어날 때까지 긴장을 풀 수가 없었다. 지금이야 공항에서 출입국 수속을 밟고 숙소 찾는 데 선수가 되었지만, 그땐 뭐가 그렇게 불안했는지 모르겠다.

혼자 여행을 떠나게 되면 일정에 구애받지 않고 자유롭게 움직일 수 있는 장점이 있지만, 화장실에 갈 때조차 낑낑대며 배낭을 메고 가야 하는 불편함을 감수해야 한다. 그리고 배고파서 들어간 식당에서 1인분은 팔지 않는다고 할 때나, 동행인이 없을 경우 빈 침대 가격까지 물어야 하는 호텔을 만났을 때는 같이 여행할 사람이 절실해지기도 한다. 물론 배낭여행이라는 게 떠날 때는 혼자여도 여행을 하다보면 여러 사람을 만나게 되기 때문에 사실 외로울 틈은 별로 없다.

독일을 여행하다 1970년대에 간호사로 독일에 와서 현지에 완전히 정착한 분을 만나기도 했다. 한국을 떠나온 지 많은 시간이 흐른 데다 독일 사람과 결혼해서 한국어는 다소 어눌했는데, 그곳 생활에 적응하고 자리 잡은 모습이 여유로워 보였다. 독일에서 한국의 고등학교 졸업장을 인정해주지 않아, 낮에는 간호사 일을 하면서 야간 고등학교를 다니고 의과 대학까지 마쳤다고 한다. 어린 나이에 고향을 떠나와 악착같이 살았지만, 불쑥불쑥 한국으로 돌아가고 싶은 마음이 드는 건 어쩔 수가 없다는 말을 들으니 마음이 알싸해졌다.

몸서리치게 고국이 그리울 때마다 그분은 김치를 담근다고 했다. 배추를 사다 절이고 마늘을 찧다보면 눈물이 나면서 기분이 개운해진다고 했다. 그분은 나를 집으로 초대하고는 시장에서 일부러 김치 재료를 사 가지고 와 이틀 전에 김치를 담갔단다. 오랜만에 보는 김치가 반가워 얼른 먹어보니, 한국에서 먹던 바로 그 맛이었다. 집에서 김치를 먹는 사람이 여럿이 아닌데도 어떻게 아직까지 맛도 변치 않게 김치를 담그는 걸까. 수십 년간 쌓인 모국에 대한 그리움 때문이 아닐까 생각했다. 나 역시 해외 생활이 길어지면서 한국이 그리울 때는, 독일에서 만난 그분처럼 가끔 김치를 담갔다. 그러나 배추를 절이고 마늘을 찧는다고 해서 그리움이 가시는 건 아니었다.

마침내 네덜란드에 있는 고흐 박물관을 끝으로 두 달간의 유럽 여행을 마치고, 살이 쏙 빠진 모습으로 한국에 돌아왔다. 내가 매일 지내는 이곳 말고도 다른 세상이 있다는 사실을 새삼 깨닫게 되었다. 비행기를 타고 다른 나라에 가는 것을 옆 동네

놀러 가는 정도로 여기게 된 것도 아마 이때의 경험 덕분인 듯싶다. 테이프에 좋아하는 노래를 담아 여행 내내 늘어질 만큼 들었는데, 지금도 그 노래들을 들으면 나의 첫 유럽 배낭여행이 떠오른다.

/ 중국에 가서 뭘 하겠다고? /

내 인생에 처음으로 떠나는 유학

"뜬금없이 웬 중국이야?"

2000년 봄, 중국으로 유학을 가겠다고 하자 가족들과 친구들의 반응은 이랬다. 미국도 아니고 유럽도 아닌, 모래 먼지만 풀풀 날리는 중국에 가서 뭘 할 수 있겠냐는 뜻이었다. 아버지는 어릴 때부터 한문 공부를 많이 하더니 중국어가 다른 외국어보다 쉬워 보여서 그런 거냐고 묻기도 하셨다. 사실 뚜렷한 목표가 있어서 중국을 택한 건 아니었다. 다만 일본에 비해 물가도 싸고 비행기로 두 시간이면 도착하는 가까운 외국이었기 때문에 끌렸던 것 같다. 사람들 생김새도 비슷해서 덜 낯설 것 같기도 했다. 게다가 조만간 국제사회에서 엄청난 힘을 발휘할지도 모르니, 미리 문화나 생활을 익혀두는 것도 나쁘지 않겠다 싶었다. 무엇보다 13억 명 이상이 쓰는 말이니 중국어를 배워놓으면 손해 볼 일은 없겠다는 생각도 있었다.

이런저런 고민 속에 결정한 중국 유학은 말리는 사람도, 그렇다고 부추기는 사람도 없이 참으로 외로운, 내 인생 처음 떠나는 유학이었다. 막상 떠나기로 마음은 먹었지만 무엇을 어떻게 해야 할지 몰라 매일 혼자서 마음만 바빴다. 해외로 배낭여행만 가봤지 오랜 기간 체류하는 건 그때가 처음이었다. 짐을 얼마나 싸야 할지도 감을 잡기 어려웠고, 뭘 가져가면 요긴한지, 꼭 준비해야 할 것이 무엇인지조차 몰랐다. 그렇다고 주변에 마땅히 물어볼 사람도 없었다. 지금처럼 인터넷으로 정보를 쉽게 얻을 수 있는 시절도 아니었다.

무엇보다 가장 큰 문제는 언어였다. 떠나는 날까지 중국어 한마디도 할 줄 모르는, 기본이 안 된 유학 생활의 시작이었다. 중국어를 미리 배우려고 알아보니, 중국어의 사성을 잘못 배우면 처음부터 다시 배워야 한다고 했다. 그럴 바에야 현지에서 제대로 배우는 게 낫겠다 싶어, 중국어 공부는 시작도 하지 않았다. 그리고 유학을 가려면 학생 비자가 필요하다는데, 그것도 어디서 받는 건지 몰랐다. 혼자 우왕좌왕하다가 결국 유학원 문을 두드렸다. 목적지는 베이징北京이고 중국어를 배울 수 있는 학교 중 한국인이 가장 적은 곳을 소개해달라고 부탁했다. 가급적 비용이 적게 드는 곳이면 좋겠다는 말도 잊지 않았다.

2000년 여름, 나는 드디어 한국을 떠났다. 마치 다시는 돌아오지 않을 것처럼 주변을 정리하고 무심하게 떠났다. 비행기 이륙 후 기내식을 한 끼 먹고 나니 바로 도착을 알리는 방송이 나올 정도로 중국은 그렇게 가까운 곳이었다.

서른에 중국어 배우기란!

공항을 나서니 볼품없는 콘크리트 건물이 떡 버티고 있었고, 곳곳에 적힌 붉은색 한자가 눈에 들어왔다. 낯설지 않은 것이라고는 부슬부슬 내리는 비뿐이었다. 내가 갈 곳은 베이징공업대학이었는데, 다른 학교에 비해 한국인이 많지 않았고 번화가에서 상당히 먼 곳에 위치해 있었다. 유학원에서 보내준 차로 공항에서 학교까지 무사히 이동했고, 도착한 날 기숙사까지 배정받았다. 그렇게 중국 유학 생활이 시작되었다.

내가 그동안 살아왔던 환경과는 완전히 달랐다. 싸구려 기숙사는 겉모습만큼이나 내부도 무척 썰렁했다. 내가 배정받은 방은 2인용으로 개인 침대, 옷장, 책상이 따로 구비되어 있었는데, 모두 언제 들여온 것인지 낡고 궁색해 보였다. 물품마다 보증금이 붙어 있었고, 책상 램프며, TV 리모컨은 따로 지급받았다. 퇴실할 때 이상이 없으면 다시 돈을 내준다고 했다. 에어컨도 보증금을 내야 리모컨을 받을 수 있었는데, 방마다 모델이 같아 기숙사에 오래 산 학생들은 옆방에서 리모컨을 빌려다 쓰곤 했다. 방 안의 물건에 문제가 생기면 그에 상당하는 비용을 지불하거나 정도가 심할 경우 퇴실해야 한다는 주의사항을 마지막으로 듣고 나니 중국에서의 유학 생활이 만만치 않을 것 같은 예감이 들었다.

기숙사는 외국인만 입주할 수 있는 곳이었는데, 공용 시설의 상태가 그리 좋지 않았다. 과연 작동이 되는지 의심스러운 작은 세탁기가 한 대 있었는데, 빨래를 한다기보다는 세제 냄새를 맡고 싶어서 세탁기를 사용한다고 할 만큼 본 용도와는 거리가 먼 기계였다. 각 층 복도에는 냉장고가 한 대씩 있었는데, 그 층에 사는 학생 전부가 공동으로 사용해야 했다. 우유도 없어지고, 계란도 없어지고, 야채도 사다놓기만 하면 없어지는, 세상에서 가장 신기한 냉장고였다.

기숙사 시설도 불편하고 말도 통하지 않아서 이래저래 중국 생활에 겁먹을 수밖에 없었다. 적어도 콩웨이孔偉라는 친구를 알기 전까지는 그랬다. 그는 내가 기숙사에 도착하던 날부터 여러 가지 도움을 많이 줬는데, 로비에서부터 3층에 있는 내 방까지 무거운 가방을 옮겨주는가 하면, 책상 램프에 불이 들어오지 않는 것을 확인하고는 당장 달려나가 새것으로 바꿔다주기도 했다. 물론 콩웨이를 처음 만났을 때는 내가 중국어를 한마디도 못해서 손짓 발짓으로 의사소통을 해야 했다. 하지만 낯선 땅에서 도움을 청할 존재가 있다는 것만으로도 큰 위로가 되었다.

 기숙사에 도착한 다음 날 레벨 테스트를 받고 바로 수업에 참여했다. 수업은 레벨과 상관없이 전부 중국어로 진행되었는데 문법, 회화, 작문 등을 골고루 배웠다. 나는 한자 독해가 가능한 덕분에 내 어학 능력보다 레벨이 높은 반에 배정되어 처음 일주일간은 정말 헤맸다. 결국 첫 단계부터 차근차근 다시 시작하기로 했다. 기초반 수업인데도 처음엔 강사가 무슨 말을 하는지 도통 알아들을 수가 없어서 스트레스가 이만저만이 아니었다. 책을 펴라는 건지, 답변을 하라는 건지, 진도는 어디쯤 나가고 있는 건지 감을 잡는 데만도 한참이 걸렸다. 서른이 넘은 나이에 시작하는 외국어 공부라서 어린 친구들에 비해 암기 능력도 떨어졌다. 숫자로 1부터 10까지 헷갈리지 않고 말하는 데 거의 한 달이 걸렸던 것 같다.

 잠시라도 머물려고 온 것이니 지금 있는 곳에 정을 붙이려고 부단히 노력했지만, 아무리 좋게 보려 해도 낯선 것 일색이고 남루한 것 일색이었다. 방문만 열고 나가면 금세 전철을 타고 번쩍이는 종로로, 강남으로 가서 친구들을 만날 수 있을 것만 같았다. 그렇지만 현실은 그렇지 않았고, 마음을 추스르지 못해 힘든 날이 많았다. 편지나 소포가 오면 기숙사에서 한참 떨어진 우체

국까지 가서 찾아와야 하는데, 갈 때는 버스를 타고 서둘러 갔지만 돌아올 때는 소포를 품에 안고 천천히 걸어서 왔다. 이 속에는 무엇이 들어 있을까, 이번에는 가족과 친구들이 뭐라고 편지를 썼을까 생각하면서 조금이라도 오래 그 느낌을 간직하고 싶어서였다.

처음에는 한 달이나 버틸 수 있을까 했는데, 막상 공부를 시작하고 나니 시간이 금세 흘러 베이징공업대학에서 1년간 중국어를 공부했다. 그 후 상하이재경대학으로 옮겨 귀국할 때까지 그곳에서 공부했다. 갑작스러운 결정이었지만 중국 유학은 한 발짝 떨어져서 한국을 바라보는 계기가 되었고, 그 덕분에 대학원 석사 논문을 쓸 때 중국에서 현지 조사를 할 욕심도 낼 수 있었다.

/ 아침 시장에서 먹는 소고기 라면 /

흥정의 달인이 되기까지

중국 유학 생활은 학위 과정이 아니라서 딱히 학사 관리에 대한 스트레스가 없었다. 학점이나 출석에 대한 부담감이 없으니, 다른 유학생들보다 여유롭게 중국 문화를 만끽할 수 있었다. 물론 중국어를 배우는 것이 원래 목적이었지만, 중국에는 중국어보다 재미있는 게 정말 많았다.

베이징은 봄엔 황사로 눈을 뜰 수가 없었고, 겨울엔 방에 둔 꿀이 얼어버릴 정도로 추웠다. 추위에는 거뜬할 것 같은 몽골에서 온 친구도 베이징의 추위는 도저히 못 견디겠는지 전기장판을 온몸에 둘둘 감고 지냈다. 아침에 학교에 가려고 기숙사 문을 나서면, 우리나라의 2차선 넓이 정도 되는 자전거 전용도로에 출근하는 자전거 행렬이 빽빽했다.

하지만 무엇보다 베이징의 장관은 아침 6시부터 9시까지 열리는 아침 시장이었다. 볼거리와 먹을거리가 참 많았는데, 흥정

또한 빼놓을 수 없는 추억이다. 도대체 흥정을 하지 않으면 살 수 있는 물건이 없었다. 자칫 잘못하다간 몇 배에서 몇 십 배의 값을 주고 물건을 사게 된다. 처음에는 게임하는 것 같아 재미있었지만, 나중에는 너무 지쳐서 시장에 나갈 생각만 하면 머리가 지끈거릴 지경이었다. 그러나 매일의 생계와 직결되니 적극적으로 끼어들어 거래할 수밖에 없었다.

베이징에 도착한 뒤 한두 달은 숫자를 비롯해 수업이나 일상생활에 꼭 필요한 말을 배우느라 바빴고, 시장에 나가면 내가 돈을 내는 입장인데도 늘 긴장해야 했다. 흥정은 아예 꿈도 못 꿀 때라, 일단 내가 사고 싶은 물건을 사려는 사람이 나타날 때까지 기다렸다가, 나도 같은 것을 달라는 시늉을 해서 겨우 물건을 사곤 했다. 여행 도중 숙소를 잡을 때도 흥정은 필수 코스였다. 이때의 경험 덕에 어떤 오지에 떨어져도 살아남을 수 있는 배짱이 생긴 것 같다.

중국 유학 생활에서 또 하나 잊히지 않는 것이 바로 중국의 화장실 문화이다. 화장실에 문이 없는 경우가 태반이었고, 있어도 사용하지 않았다. 심지어 맥도날드의 화장실 문조차 무용지물인 경우가 많았다. 화장실에 갔는데 곱게 화장하고 근사하게 옷을 차려입은 분들이 문을 활짝 열어놓고 일을 보고 있어서 내가 오히려 당황할 때가 많았다. 도시는 그나마 낫지만, 지방에 가면 인터넷 유머 사이트에서나 볼 법한 '대륙의 화장실'을 일상적으로 접할 수 있었다. 중국 서남쪽 쿤밍昆明의 한 관광지에서는 아래에 물이 흐르는 구조의 화장실에서 여러 사람이 한 방향을 향해 앉아 볼일을 보는 믿을 수 없는 광경도 목격했다. 심지어 그 화장실은 공짜가 아니었다.

한국엔 호떡, 중국엔 지단뼁!

대부분의 중국 사람들은 밖에서 식사를 해결한다. 아침 시장에서 죽이나 속에 아무것도 들어 있지 않은 밀가루 빵 '만토'(한국의 만두와는 맛도 모양도 다르다)로 아침을 때우는 사람들이 많다. 그 당시 죽은 1위안 안팎이었고, 만토는 1위안이면 큼직한 것 네 개를 살 수 있었다. 우리나라 사람들이 김치를 먹듯, 중국 사람들은 파오차이泡菜라고 하는 절인 채소를 죽과 같이 먹는다.

중국 북부 사람들은 주식이 밀가루라서 밀가루로 만든 음식을 많이 먹는데, 아침을 죽이 아닌 면으로 해결하는 사람도 많다. 나도 가끔 시장에 가서 니우로우미엔牛肉麵, 즉 소고기 라면을 1위안씩 주고 사 먹었다. 국물 위에 기름이 둥둥 떠 있는 모양새가 처음에는 썩 맛있어 보이지 않았지만, 그곳을 떠난 뒤 가장 생각나는 음식 중 하나가 니우로우미엔이었다.

니우로우미엔을 먹기 전이나 먹고 나서는 지단삥鸡蛋饼을 꼭 사 먹었다. 1위안이면 먹을 수 있었는데, 우리나라 호떡처럼 중국에서는 국민간식이라고 할 만큼 워낙 인기가 많아 지단삥을 파는 리어카 앞은 늘 사람들로 북적였다. 지단삥은 얇은 밀가루 반죽에 계란을 깨트리고 그 위에 파를 송송 썰어 부쳐서 알맞게 익으면 먹기 좋게 돌돌 말아 먹는다. 지금 생각해도 입 안에 군침이 돌 정도로 그 맛이 일품인데, 기억을 되살려 직접 만들어보니 모양은 대충 비슷하게 따라한다 해도 맛은 도저히 흉내를 낼 수가 없었다.

언젠가 신문에서 지단삥이 중국에서 절대 먹어서는 안 되는 열 가지 음식 안에 들었다는 기사를 봤다. 튀김용 기름은 물론이고, 지단삥 재료에 좋지 않은 성분이 들어간다고 한다. 하지만 이미 먹은 것을 어쩌랴. 2년 동안 어찌나 중국 음식을 맛있게 먹었는지 귀국할 때는 몸무게가 무려 10킬로그램이나 늘어 턱이 두 개가 되어버렸다.

물론 처음엔 중국의 환경이나 위생에 대한 무신경함에 깜짝 놀랐다. 냉장고에 들어가 있어야 할 돼지고기나 소고기가 실온의 매대에 떡하니 진열되어 팔리고 있었다. 저런 걸 먹어도 어떻게 병이 안 걸리는지 신기할 정도였다. 슈퍼에서는 병아리가 곧 튀어나올 것 같은 달걀을 팔았고, 사람들은 아무렇지도 않게 그

것을 사 먹었다. 베이징의 명동이라고 할 수 있는 왕푸징王府井의 음식점 거리에 가면 각종 벌레까지 요리해서 파는 광경을 볼 수 있다. 초두부, 일명 썩은 두부도 팔았다. 내가 만난 몇몇 한국 유학생들은 진짜 맛을 알면 초두부를 즐길 수 있다고 했지만, 내 평생 그럴 일은 없을 것 같다.

세월이 많이 흘렀지만 그때 먹던 음식 냄새와 맛은 기억에 남아 있다. 한국에 황사가 불 때면 중국에 있던 시절이 떠오르고, 마음속에는 자전거 행렬이 쉼 없이 달리곤 한다.

천하절경 구이린의 왁자지껄 게스트하우스

조금은 실망스러웠던 꿈의 풍경

중국에 있을 때 가장 여행하고 싶었던 곳이 천하제일의 산수도시라는 남방의 구이린桂林이었다. 그곳에 가면 뭔가 있을 거란 생각이 머리를 떠나지 않았는데, 기회가 좀처럼 생기지 않았다. 시간 있고 돈 있으면 언제든 쉽게 갈 수 있는 곳이겠지만, 그때는 시간도 돈도 나를 멀리하던 시절이었다.

그러던 2001년 여름, 1년간 머물렀던 베이징을 떠나 상하이로 가기 전에 뭔가 기념하고 싶어서 오랜만에 배낭을 꾸렸다. 기차를 타고 시계 방향으로 중국을 둘러볼 작정이었다. 혼자 떠나는 여행이라 출발도 일정도 내 마음대로였기에, 구이린을 1순위로 여정에 포함시켰다. 그렇게 방문한 구이린에는 맑고 푸른 하늘과 자연이 빚어내는 근사한 풍경뿐만 아니라 여전히 내가 잊지 못하는 마음 따뜻한 사람들이 살고 있었다.

새벽 6시, 드디어 구이린역에 도착했다. 리장丽江을 유람하고 싱핑興坪에서 자전거 하이킹을 할 계획이었는데, 새벽의 구이린 역은 너무나 황량했다. 우선 양숴阳朔까지 가야 배를 탄다는 말을 들은 것 같은데 막상 찾아가려니 막막했다. 그 당시, 중국은 여행 책자 없이 다니기에는 힘든 곳이었다. 여행 문화가 제대로 정착되지 않아서 여행하는 내내 숙소 잡는 것도 힘들었고, 호객 행위가 심해서 낯선 곳에 도착하면 소위 말하는 '삐끼'들이 이방인의 혼을 쏙 빼놓았다. 큰 도시, 작은 도시 가릴 것 없이 마찬가지였고, 관광지는 특히 심했다. 양숴까지 가려면 버스를 타야 했는데 저 많은 호객꾼 중에 과연 누구를 고른단 말인가. 5위안이면 가는 곳을 처음에는 25위안이나 부르는 바람에 새벽 댓바람부터 한바탕 흥정을 해야 했고, 결국 5위안으로 합의를 봤다. 창밖에는 비가 부슬부슬 내리고 있었다. 버스만 타면 한숨 자야지 했는데 바깥 경치에 취해 피곤한 줄도 몰랐다. 양숴까지 가는 버스에서 그렇게 고대했던 구이린의 향취를 조금이나마 느낄 수 있었다.

그렇지만 우여곡절 끝에 도착한 양숴는 내가 기대했던 '중국적'인 곳과는 거리가 멀었다. 그곳엔 이미 서양 관광객들이 넘쳐났고, 도로 이름 중에 '웨스턴 스트리트'도 있을 만큼 서구화가 진행되고 있었다. 중국적인 요소를 잃어버린 중국 동네를 보고 잠시 넋을 잃었던 이방인은 숙소부터 찾아야 했기 때문에 발걸음이 바빠졌다. 정찰제가 아니라서 방값을 흥정하러 돌아다녀야 했다. 기차에서 만난 여행객들이 말하길 10위안이면 하룻밤을 지낼 수 있다고 했는데, 막상 찾아가면 무조건 40, 50위안을 불렀다. 한 시간을 돌아다니다가 일단 한 곳을 골랐다. "오늘 밤 여기서 잘 테니 배낭 좀 맡아주세요. 체크인은 시내를 여행한 후에 할게요."라고 했더니, 흔쾌히 그러라고 했다. 주인 마음이 바뀔까 봐 얼른 배낭을 한쪽에 세워두고 리장 유람 장소를 찾아 나섰다. 숙소에서 그리 멀지 않은 곳이었다.

유람선을 탈 때 단체로 가면 저렴하다고 들어서 눈치껏 단체 여행객을 찾았다. 마침 프랑스에서 온 여행객들이 유람을 준비하고 있었다. 같이 움직이면 좋을 것 같아 여행객들에게 양해를 구하고 함께 배에 올랐다. 승선 후 프랑스 친구들에게 뱃삯을 물어봤더니, 같은 값을 내고 탄 사람이 아무도 없었다. 외국인과 내국인을 구분해 이중요금을 적용한다는 얘기는 들었지만 내가 낸 가격의 두 배를 낸 사람도 있었다.

배 위에서 바라보는 풍경은 단조로워서 한 시간이 지나니 좀 지루했다. 리장 유람이 끝날 무렵이 되자 또 걱정이 몰려오기 시작했다. 오늘 밤은 어디에서 자야 하나. 사실 배낭을 맡긴 숙소가 영 마음에 들지 않았다. 그런데 유람을 마치고 배낭을 맡겨둔 곳에 갔더니, 여행객들이 한꺼번에 몰려와 흥정을 하느라 주인은 정신이 없어 보였다. 오늘 밤 묵을 생각이었는데 일행이 생겨서 다른 곳에 묵게 되었다고 이야기했더니, 오히려 반색하며 괜찮다고 했다. 편안한 잠은 다음 날 여행의 절반을 차지하니 숙소는 신중히 정해야 했다.

뱀부하우스의 왁자지껄 수박 파티

배낭을 짊어지고 여기저기 찾아다니다 발견한 곳이 '뱀부하우스'였다. 제일 싼 방을 달라고 했더니, 할리우드 배우 샌드라 불룩을 닮은 주인이 매트리스가 다섯 개 놓인 기숙사 형태의 옥탑방도 괜찮겠느냐고 물었다. 손님이 많지도 않고 숙소가 깨끗해 보여서 이미 짐을 풀기로 마음을 먹었던 터라, 그렇게 하겠다고 했다.

체크인 후 옥탑방으로 올라갔다. 기역 자 형태의 방이라 네 사람이 일렬로 누우면 방이 꺾이는 구석에서 한 사람이 더 잘 수 있었다. 한갓진 구석 자리로 배낭을 끌고 갔더니, 이미 그 자리를 차지하고 있던 젊은 청년 하나가 자다가 말고 부스스 일어났다. 스무 살 프랑스 남자였는데 일주일째 묵고 있다면서 반갑게 인사했다. 나는 배낭을 도로 끌고 와서 문 쪽에 자리를 잡았다. 오늘 아무도 투숙하지 않으면 저 친구랑 둘이 자야 하니 멀찍이 떨어져야 할 것 같았다. 이 친구가 웃으면서 인사할 때까지만 해도 몇 시간 뒤 나를 힘들게 할 줄은 꿈에도 몰랐다.

　양숴 시내 관광을 대충 끝내고 저녁까지 먹고 들어와서 그날 일정을 정리하고 있는데, 구석에서 이상한 소리가 들렸다. 다가가보니 프랑스 친구가 벌벌 떨고 있었다. 당시엔 이유를 몰랐는데 나중에 알고보니 냉방병이었다. 고열에 시달리면서도 병원은 한사코 안 가겠다고 했다. 그래서 물수건으로 열을 식혀보려 애를 썼는데 별 소용이 없었다. 한참 물수건으로 씨름을 하다가 결국 뱀부하우스 식구들을 불렀다. 계속 병원은 가지 않겠다고 고집을 부리는데, 이유는 돈 때문이었다. 주사 한 방이면 금방 열이 내릴 텐데 안쓰러웠다. 그날 밤늦게 한국인 여자 여행객 세 명이 옥탑방에 투숙했는데, 새벽에 얼이 빠진 표정으로 방으로 돌아온 청년을 보고 다들 놀라서 잠을 깼다. 영문을 모르고 두리번거리는 그들에게 내가 얼른 상황을 설명해줬다. 그러자 다들 살아 돌아온 것을 축하한다며 박수를 쳐주었다. 뱀부하우스 식구들이 무슨 민간요법을 썼는지 모르지만, 다행히 프랑스 친구는 상태가 호전되었다.

　다음 날 나는 하이킹을 할 생각이었는데, 주인의 시동생이 가이드를 해주겠다며 따라 나섰다. 그와 함께 이글거리는 태양 아래 살이 벌겋게 익을 정도로 자전거를 타고 양숴 일대를 누비고 다녔다. 돌아오는 길에 시장에서 수박 두 통을 샀다.

뱀부하우스로 돌아왔더니 그사이 식구들이 많아졌다. 주인과 남편, 딸, 그리고 한국인처럼 생긴 남편 친구, 일 거들어주는 아가씨, 주방 아주머니, 이제 열이 거의 내린 프랑스 친구 등 여럿이 한데 모이니 정말 잔칫날 같았다. 그렇게 우리는 수박 파티를 벌였다. 내가 햇볕에 타서 피부가 따갑다고 했더니 사람들이 모두 달라붙어 얇게 저민 감자를 붙여줬다. 양팔에 감자를 잔뜩 붙여서 팔을 움직일 수가 없자, 수박을 잘라 내 입에 넣어주었다. 한쪽에서는 하루 더 묵고 가라며 난리였다. 그래도 떠나야 한다고 했더니, 샐쭉해져서 나보고 더 이상 이 집 손님이 아니라고 했다.

봄날이 오면 양쉬에 다시 한번 가보고 싶다. 피부가 벌겋게 익어도 좋으니 하루 종일 자전거도 타고 싶다. 형이 소개해준 홍콩 회사에 취직하려면 영어 공부를 열심히 해야 한다던 내 1일 가이드는 무사히 홍콩에 정착했을까? 밤새 뱀부하우스 식구들을 부산 떨게 만들었던 그 프랑스 친구는 어떻게 살고 있을까? 그리운 것들은 언제나 저 멀리에 있다.

/ 리틀 티베트, 랑무스에 가다 /

내 마음속 청두식당

　중국을 여행하는 내내 중국이 부러웠다. 물론 발전이 더딘 구석도 있었지만, 그들의 터전에 펼쳐진 천혜의 자연만큼은 부럽다는 생각이 들었다. 학교 다닐 때 지리 선생님이 중국은 전형적인 서고동저형이라고 수십 번은 말했건만 늘 헷갈렸는데, 실제로 중국 땅을 밟아보니 확실히 동쪽에는 평야가 많고 서쪽에는 고산 지대가 대부분이었다. 선생님 말씀을 십수 년이 지나 몸으로 확인한 셈이다.

　중국에 온 김에 고산 지대에도 가봐야겠다는 생각에 '리틀 티베트'라고 불리는 랑무스朗木寺에 가기로 했다. 우선 랑무스까지 기차를 탔는데, 중국은 시설물이 아무리 형편없어도 정말 가진 사람들에게는 확실하게 서비스를 해주는 나라라는 생각이 들었다. 기차만 봐도 금방 알 수 있다. 당시 중국에서는 다섯 등급으로 기차 좌석을 구분했다. 제일 비싼 자리는 침대가 푹신한 곳, 그다음은 딱딱한 침대, 그것보다 싼 자리는 뒤로 꺾을 수는 없지만 의자가 푹신한 좌석, 그리고 다음 단계는 90도 각도의 딱딱한 의자, 마지막은 입석이었다. 워낙 땅이 넓다보니 남쪽 끝에서 북쪽 끝으로 이동하려면 며칠씩 걸리는데, 기차표에 입석이 있다는 사실이 놀라웠다.

기차에서 내려 과연 어디까지 버스가 올라갈 수 있을까 의문이 들 만큼 높이 올라갔더니 랑무스라는 작은 산골 동네가 나왔다. 시아허夏河에서 남쪽으로 대여섯 시간 버스를 타고 가는 방법도 있지만, 나는 송판松潘이란 곳에서 출발해 북쪽으로 올라갔다. 해발 고도 2,800미터에 펼쳐져 있는 광활한 초원은 아직도 원시미를 간직하고 있었다. 사실 마을 이름이 랑무스가 아니라 마을 안에 있는 절 이름이 랑무스였는데, 라마교 6대 사찰 중의 하나로 마을 규모에 비하면 제법 큰 절이었다. 중국은 땅이 워낙 넓어서 여름에도 봄, 가을, 겨울을 모두 경험할 수 있는 나라다. 그리고 랑무스는 여름에도 겨울을 느낄 수 있는 곳이었다.

랑무스에 있는 '청두成都식당'이란 곳에서 젊은 친구 A를 만났다. 쓰촨 대학에 다니는 A는 방학이 되면 엄마의 식당 일을 도와주기 위해 이곳에 머문다고 했다. 그런데 이 청두식당은 우리가 생각하는 보통 식당과는 많이 달랐다. 주문을 해도 재료가 없어서 만들 수 있는 음식이 거의 없었다. 결국 지금 있는 재료로 만들 수 있는 음식을 시켜 먹을 수밖에 없었다.

계란 프라이가 먹고 싶어 주문했더니, 도대체 그 음식이 뭐냐고 되물어 왔다. 팬에 기름을 달궈서 계란 노른자가 동그랗게 살아 있게 잘 구우면 된다고 설명했는데 도통 알아듣질 못했다. 그러더니 기름으로 범벅이 된 계란 요리를 들고 오는 바람에 결국 내가 직접 주방에 들어갔다. 반숙으로 된 계란 프라이를 보여 줬더니 익지도 않은 음식을 어떻게 먹느냐고 했다. 청두식당에서 밥을 먹는 동안 채 썬 감자를 대충 볶아 설익었을 때도 있었고, 정체불명의 밀가루 음식을 줘서 간신히 넘기기도 했다.

고산 지대의 특별한 장례식, 천장

다음 목적지로 가는 버스가 다음 날 새벽 6시 반에 떠나는 한 대뿐이라 원래는 하루만 묵을 생각이었는데, 나흘을 더 묵는 바람에 랑무스에서의 추억이 많아졌다. 내일이면 떠난다고 하자, A가 하루만 더 머물고 가면 좋은 구경거리가 있다며 붙잡았다. 아침 8시에 주지 스님의 장례식을 거행하는데 함께 가보자는 것이었다. 마을의 행사는 무엇이든 봐야 한다는 게 내 여행 철학이라 하루 더 묵기로 하고, 그날은 종일 동네를 둘러봤다. 동네라고 해보았자 양 떼들이 뛰노는 동산 위에 올라가면 한눈에 들어올 만큼 작은 마을이었다. 마을이 보이는 언덕에 올라가 랑무스에 오기 전에 사두었던 복숭아를 먹으면서 해가 질 때까지 한참을 앉아 있었다.

그런데 다음 날 아침 눈을 뜨니 이미 10시였다. 늦잠 자는 바람에 장례식을 볼 기회를 놓친 것이다. 어차피 늦었으니 한없이 게으름을 피우며 식당으로 내려갔다. 그런데 A의 어머니가 보글보글 끓는 죽을 휘젓고 계셨다. 전날 죽을 먹고 싶다고 했더니 만들어주신 것이다. 감사한 마음으로 정말 맛있게 먹었다. 그들의 배려에 뭐라도 보답하고 싶어서, 앞으로 이 동네에 외국 여행객들이 많이 올지도 모르니 메뉴판을 정비하자고 설득해서 식당 메뉴판을 고쳤다. '안녕하세요, 어서 오세요, 감사합니다'란 한국어도 가르쳐주었다.

A가 장례식을 놓쳐서 안됐다는 표정을 짓더니 내일 또 다른 장례식이 있으니까 너무 안타까워하지 말라고 했다. 다음 날, A는 나를 '천장天葬'이 열리는 장소로 데려가주었다. 천장은 죽은 사람의 뼈를 잘게 부숴서 매나 독수리들이 먹을 수 있게 던져놓는 것으로, 고산 지대에서 볼 수 있는 장례 풍습이다. 땅이 척박하여 시신을 묻어도 썩지 않으니 그런 식으로 장례를 지내는 모양이었다. 고산 지대에 '조장鳥葬' 풍습이 있다는 얘기를 들은 적이 있는데, 외부인에게도 공개된다는 사실에 놀랐다.

천장이 치러지는 곳은 마을에서 제일 높은 언덕으로, 그곳에 제단이 있었다. A와 비탈을 돌아 능선을 타고 힘겹게 제단에 도착했다. 피 묻은 도끼도 그대로 놓여 있었고, 잘게 부서진 뼈들이 여기저기 널려 있었다. 오색찬란한 헝겊이 휘날리는 가운데에 제를 지내는 단상이 자리 잡고 있었다. 이방인인 내가 이 자리에서 어떤 태도를 취해야 할지 잠시 고민스러웠지만, 여기도 사람 사는 곳이라고 생각하며 긴장을 풀었다.

머무는 동안에는 저녁마다 라마승과 동네 아저씨들이 식당을 찾아왔다. 이들은 낯선 이방인에게 쉴 새 없이 질문을 퍼부었다. 내가 못 알아듣는 말은 A가 통역해주기도 했다. 쏟아져 내릴 것 같은 별빛 아래에서 그들의 질문에 답하면서 랑무스에서의 며칠이 그렇게 흘러갔다. 떠나는 날은 다행히 늦지 않고 일어나 새벽 버스를 탈 수 있었다. 지금은 A의 이름도 가물가물하고 청두식당만 기억하고 있다. 언제 또다시 그곳에 갈 수 있을지 모르겠다. 단지 내게 그런 시절이 있었다고 기억할 뿐이다.

/ 대학원생이 되어 다시 교정을 누비다 /

전통 공연의 매력에 빠지다

처음에는 베이징에서 1년간 어학 연수를 마친 후, 학위 과정을 시작할 생각이었다. 애초에 다시 취직할 생각도 없었고, 기회가 되면 계속 공부를 하고 싶었다. 인문학 분야의 학교를 찾다가 상하이에서 1년 정도 어학을 더 공부한 뒤 학위 과정을 밟기로 계획을 바꿨다. 상하이에 가기 전에 여러 곳을 여행하면서 나는 분명히 달라져 있었다. 유학 생활에 대한 자신감도 생겼고, 뭔가 새롭게 시작하고 싶은 마음이 샘솟았다. 베이징에 처음 도착했을 때는 불안과 걱정으로 여유가 없었는데, 상하이에 도착해서는 사기가 충만한 상태에서 의욕적으로 새 학기를 시작했다.

그 당시 상하이는 서울에 있는 건 물론이고 서울에 없는 것까지 다 있는 대도시였다. 일단 깨끗해서 좋았고, 살기도 베이징보다 훨씬 편했다. 방값이 베이징보다 비싸긴 했지만, 기숙사 내부 시설도 좋았고 관리 상태도 깔끔했다. 상하이에서도 중국어 공부는 계속되었다. 1년 사이에 상급 레벨 수업을 듣는 과목도 있을 정도로 수준이 꽤 올라갔다. 처음 중국에 도착했을 때는 쉬운 인사조차 하지 못했는데, 부쩍 향상된 중국어 실력이 스스로도 놀라울 정도였다.

한편 중국 여행을 마친 후, 내 머릿속에서는 공연에 대한 생각이 떠나지 않았다. 여정 중에 마주친 다양한 소수 민족들의 생활 모습이나 전통 의상, 전통 공연 등이 정말 매력적이었기 때문이다. 션전深圳에서 소수 민족의 공연을 볼 기회가 있었는데, 일종의 퍼레이드 같은 행사로 일련의 스토리가 있다기보다는 단순한 퍼포먼스 형식의 공연이었다. 중국의 소수 민족들이 전통 의상을 입고 관중 앞을 지나가는 게 전부였지만, 그 모습이 그렇게 인상적일 수가 없었다. 워낙 소수 민족이 많아서 각자 전통 의상을 입고 전통 춤만 보여줘도 50개가 넘는 색다른 공연이 완성되었다.

상하이로 옮긴 후 처음 몇 달간은 중국의 소수 민족에 관한 자료를 찾는 데 시간을 보냈다. 내가 여행 중에 본 소수 민족은 누구였는지, 문화의 특색은 무엇인지, 소수 민족 공연 장르 중에 무용은 어떤 민족이 유명하고, 또 악기 연주는 어떤 민족이 유명한지, 몰두해서 자료를 찾다보면 시간이 금방 흘러갔다. 상하이는 베이징보다 인터넷 사정이 좋아서 자료 찾는 일이 훨씬 수월

했다. 중국의 소수 민족, 전통, 문화, 역사 등의 자료를 찾으면서 새롭게 발견하는 사실은 굉장히 흥미로웠다. 그리고 신기할 만큼 가슴이 뛰었다.

예술경영이 뭐야?

관심사가 점차 넓어지면서, 나도 이런 공연을 직접 기획해보면 재미있을 것 같다는 생각이 들었다. 공연 내용을 넘어서 공연을 준비하는 과정에도 관심을 갖게 되었고, 여태껏 중국에서 본 다양한 공연들이 어떻게 만들어지는지 속속들이 알고 싶어졌다. 관람자가 보는 무대가 아니라 이벤트를 직접 만드는 사람으로서의 시각이 궁금해진 것이다.

우리나라에서도 비슷한 공연을 기획할 수 있지 않을까 생각하던 차에, 전공 분야가 전혀 다른 사람이 이런 일을 하기에는 대한민국이 결코 만만한 나라가 아니라는 생각이 들었다. 갑자기 힘이 쭉 빠졌다. 알게 모르게 작용할 텃세 때문에 나를 받아주지 않을 것 같다는 생각이 들자 자신감이 없어진 것이다. 그러나 우리나라에서 지금 누가 이런 일을 하는지 알아보기 위해 일단 조사를 시작했다. 그들이 연구한 성과나 작업 등을 훑어보다가 내가 할 수 있는 최선의 방법은 대학원에 가는 것이란 판단이 들었다. 그것이 소모되는 시간을 줄이면서 경력을 바꿀 수 있는 가장 빠른 길이었다. 난생처음 들어본 예술행정, 예술경영이라는 전공이 지금 당장 하고 싶은 일이 되었다.

우리나라에는 이 과정이 개설된 학교가 몇 군데 없었고, 대개 역사가 짧았다. 영국에 유명한 학교가 있었지만 학비와 생활비가 만만치 않아 보였다. 무엇보다 졸업하고 나서 이 분야에서 일하려면 우리나라에서 학위를 따는 것이 최선이라고 판단했다. 그렇게 대학원 진학을 준비했고 운이 좋아 한 번에 붙었다.

새 학기가 시작되자마자 시간표를 짜기도 전에 중국을 다시 방문하게 됐다. 당시 외교통상부에서 주관하는 한중 수교 10주년 기념행사가 열리는데 전국의 학생 대표를 2주간 중국에 보낼 예정이며, 지도교수는 우리 학교 대표로 나를 추천하겠다고 했다. 중국어도 할 줄 알고 그곳에서 살아본 경험도 있으니 적임자라는 것이었다. 그래서 각 도에서 뽑힌 열세 명의 학생과 함께 나는 서울 대표로서 그해 여름 중국 땅을 다시 밟을 수 있었다.

마지막 공연을 뒤로하고

내가 대학원생 신분일 때 대학원 동기들은 대부분 직장에 다니고 있었다. 그래서 특수대학원이 아닌데도 대부분의 수업이

야간에 이루어졌다. 일이 끝나 녹초가 되었을 텐데도 학교에 와서 수업을 듣는 동기들을 보면서 대단하다고 생각했다. 나도 일을 해야 할 것만 같았다.

한국에서 석사 과정을 밟으면서 드디어 꿈꾸던 공연기획자가 되어 일을 시작하게 되었고, 크고 작은 공연을 100회 이상 진행했다. 국내 공연은 물론이고 해외 공연도 있었는데, 수십 명의 오케스트라 단원과 함께 공연하러 중국에도 여러 차례 방문했다. 공연할 때 객석의 1퍼센트는 항상 시각장애인에게 기부했고, 전국의 시각장애인을 무료로 초청해 그들만을 위한 공연을 준비하기도 했다. 또 우리나라 최초로 일반인과 시각장애인이 동시에 볼 수 있는 점자로 된 공연 팸플릿을 만들기도 했다.

힘들 때도 있었지만 공연 일은 즐거웠고 내 체질에도 맞는 것 같았다. 그러나 일한 만큼 보상이 따라오지 않았다. 한국에서는 아무리 일을 열심히 해도 그에 상응하는 대가를 받기 힘들다는 생각조차 들었다. 그렇게 몇 년 일하고 나니 나를 완전히 소진시킨 기분이었다. 일에 정이 떨어질 대로 떨어져서 앞으로 뭘 어떻게 해야 할지도 모르고 방황할 때 일본이라는 새로운 목적지가 나를 기다리고 있었다.

한국에서 마지막으로 올린 무대가 일본으로 떠나기 전 2005년 7월에 있었던 하모니카 공연이었다. 그전부터 자원봉사를 해

오던 부천의 한 보육원 아이들과 그 아이들에게 하모니카를 가르쳐준 아이들이 함께한 무대였다. 무료 행사였지만 내게는 마지막 공연이었던 만큼 팸플릿도 정성스럽게 만들었고, 입장객들에게 입장료 대신 책을 받아 보육원에 기증했다.

마지막 공연을 마치면 아주 후련할 줄 알았는데, 막상 끝나고 집으로 돌아가는데 의외로 허탈함이 몰려왔다. 이게 내가 만든 인생의 마지막 공연이 될지도 모른다는 생각 때문이었을까? 그러나 뒤돌아보지 않겠다고 다짐했다.

3장.

공짜로 시작한 일본 유학

/ 알짜배기 일본 연수 /

꿈을 부르는 공모전

대학 시절 해외 공모전 도전에 실패한 이후, 내게 일본은 정말 '가깝고도 먼 나라'였다. 처음엔 딱 한 달만 일본에서 살아봤으면 좋겠다고 생각했다. 물가가 비싸서 한 달 머물기에도 비용이 만만치 않을 거란 생각을 하면서도 마음을 접지 못했다. 뭔가 큰 변화를 꿈꾸고 일본에 가려는 것은 아니었다. 대학원을 마친 뒤에도 그동안 해왔던 공연 일을 계속할 생각이었고(그 당시로서는), 비행기를 탈 일이 없을까 궁리하는 습관도 내겐 일상이었기 때문에 잠깐 동안 다른 나라에 가고 싶어 하는 일이 그다지 새로울 건 없었다.

그러다 우연히(이때부터 내 인생의 '우연'의 역사가 시작된다) 일본국제교류기금Japan Foundation* 홈페이지를 방문했다. 그곳에서

---

* 일본국제교류기금은 일본의 국제 문화 교류 사업을 추진하기 위한 전문 기관으로 본부는 도쿄에 있고, 해외 25개국에 사무소를 두고 있다. 우리나라의 경우, 서울에 일본국제교류기금 서울문화센터가 운영되고 있으며, 홈페이지(https://www.jpf.or.kr)를 방문하면 각종 일본 유학

공연 협찬이나 후원 관련 정보를 찾던 중, 기가 막힌 공모 프로그램을 발견했다. 대학원 석사 과정 이상 학생을 대상으로 일본 연수 참가자를 모집하는데, 비용 일체를 초청 기관에서 제공한다고 했다. 석사 과정 학생은 2개월 혹은 4개월, 박사 과정 이상 학생은 4개월 혹은 8개월을 머물 수 있었다. 운이 좋으면 적어도 두 달은 일본에서 머물 수 있는 프로그램이었다. 게다가 자격 조건에 일본어 어학 능력이 포함되지 않았다. 일본에 가는 이유가 일본어 공부와 일본 문화를 체험하는 일이었기 때문이다. 자격 조건은 충분했으니, 왜 그 프로그램에 참여해야 하는지 구체적으로 써내기만 하면 됐다. 그렇지만 석사 과정 졸업 논문을 한창 마무리하던 11월이었고, 공모전의 마감은 12월 초라서 시간이 별로 없었다. 이제부터 스피드가 생명이었다.

 우선 내가 일본에 가야 하는 이유를 일본의 축제 연구로 잡았다. 일본은 1년 365일 마츠리祭り가 있는 나라가 아닌가. 그러므로 일본에 가서 축제의 진면목을 맛보고 싶다고 썼다. 그리고 중국 유학 경험과 중국에 다녀온 후의 행보를 정리했다. 덧붙여 한국에서 공연예술을 공부했고 직접 공연을 기획해서 올리고 있으니, 일본에 가서 공부하면 적어도 한국, 중국, 일본 세 나라의 문화예술을 체험하게 되는 셈이므로 장래에 동아시아 문화이나 연수 프로그램 정보를 살펴볼 수 있다.

예술 전문가로서 성장할 가능성이 크다고 썼다.

필요한 서류를 챙겨 초청 기관이었던 일본국제교류기금 서울 사무소를 방문했다. 다행히 담당자는 한국인이었다. 선발되면 2005년에 일본으로 가게 되는데 내 일정이 가능한지 담당자는 거듭 확인했다. 아직 체류 기간을 선택하지 않은 상태였는데, 담당자는 공모 요강과는 다르게 연수하는 시점에 석사 과정 이상이면 4개월 혹은 8개월을 선택할 수 있고, 박사 과정 이상은 8개월 코스가 가능하다고 했다. 논문만 제출하면 다음 해엔 석사 과정을 마치는 셈이니 배짱 좋게 8개월을 선택했다. 처음엔 딱 한 달만 머물면 좋겠다고 생각했는데 이왕 이렇게 서류도 냈으니 꼭 선발되어 최대한 길게 일본에서 지내고 싶었다. 지켜보던 담당자가 경쟁률이 높은 편인 데다 이제까지 석사 과정 학생이 8개월 연수에 선발된 적은 거의 없으니 신중히 결정하라고 했다. 그러나 근거 없는 자신감이 생겨서 "안 되면 말죠." 하며 돌아섰다.

이듬해 2월, 나는 무사히 논문을 제출했고 석사 학위를 받았다. 완전히 망할 줄 모르고 초청한 '할렘 흑인영가단' 공연을 한창 준비하던 그해 4월의 어느 날이었다. 저녁을 먹는데 전화벨이 울렸다. 일본국제교류기금 담당자였다. 2005년 10월부터 8개월간 일본국제교류기금 간사이국제센터(이하 간사이센터)의 연수 대상자에 내가 포함되었다고 했다. 담당자는 "떨어질 줄 알았는데 붙으셨네요. 축하해요."라는 말을 덧붙였다. 공연 올리는 일에 몸과 마음이 지쳐가던 터에 일본 유학 기회는 내게 새로운 활력을 주었다. 공연 일과 짬을 내어 하던 자원봉사 활동을 마무리짓고 그해 10월 일본행 비행기에 몸을 실었다.

간사이 공항에 도착하니 간사이센터에서 보낸 택시가 나를 기다리고 있었다. 택시를 타고 센터에 도착해 아이디 카드를 받고 16층의 내 방에 짐을 풀었다. 꿈만 같았다. 남향에 바다가 보이는 방이었고, 호텔 방처럼 말끔하게 꾸며져 있었다. 고개를 빼고 내다보면 멀리 간사이 공항이 보였다. 식사는 건물 3층에 있는 식당에서 해결했는데, 아이디 카드에 매달 식사를 해결할 수 있는 금액이 자동으로 충전되었다. 연구비와는 별도로 매달 일정 금액의 용돈이 따로 통장으로 입금되었다. 8개월간 밥벌이 걱정 없이 공부만 할 수 있는 환경이었다. 식사비로 들어오는 금액은 남아도 이월되지 않아서 매달 말일이면 남은 카드 금액으로 파티를 하느라 식당이 요란했다.

이곳에서 전 세계 140여 개국에서 온 친구들과 8개월을 함께 보냈다. 내가 참가한 연구자 코스는 2개월, 4개월, 8개월 코스가 있었고, 도서관 사서들이 참여하는 6개월 코스, 공무원과 외교관이 참여하는 9개월 코스가 있었다. 코스는 다르지만 밥도 같이 먹고 여행도 같이 하고 운동도 같이 하다보니 다들 친구처럼 지내게 됐다.

8개월간의 알찬 경험

8개월간의 연수는 총 3학기로 구성되었는데, 첫 학기는 일본어 기본 코스였다. 수업 이외에도 학기 중간에 여행 프로그램이나 스모, 가부키 관람 등 일본 문화 체험 프로그램이 있었고, 내용이 상당히 충실했다. 그리고 터키, 루마니아, 몽골, 캐나다, 이탈리아, 베트남, 미국 등 다양한 나라에서 온 친구들을 만날 수 있었다.

수업은 대부분 기본 코스에서 시작해 센터에서 정한 단계대로 레벨이 올라가는데, 도착한 다음 날 치른 레벨 테스트 결과가 엉뚱하게 나오는 바람에 처음에 고생을 많이 했다. 문법, 회화, 듣기는 바닥인데, 중국어를 배운 덕에 한자는 가장 상위 레벨로 나온 것이다. 말도 못 알아들으면서 첫 학기부터 한자 수업은 가장 높은 레벨의 수업을 들어야 했다. 한 단계 낮은 레벨에서 수업을 들을 수도 있었지만 한번 도전해보라는 개인 튜터의 권유 때문에 레벨 테스트 결과대로 듣게 되었는데, 처음엔 정말 따라가기가 힘들었다. 그러나 결과적으로는 다른 학생들보다 진급도 빨리 했고, 같은 과정의 다른 학생들이 8개월 안에 배우지 못한 내용을 배울 수 있었다.

연수에 참가하면서 가장 부러웠던 것은 일본의 도서관 시스템이었다. 연구 주제별로 일본의 모든 연구자가 잘 정리되어 있어 내가 원하는 주제의 연구자를 한 번에 쉽게 찾아 연락할 수 있었다. 또 1800년대 후반부터 일본에서 발간된 신문 자료가 전부 CD 형태로 소장되어 있었고, 주제별로 자료가 일목요연하게 정리되어 있었다. 센터 내의 도서관이 소장하고 있지 않은 자료는 매주 화요일 오전까지 주문하면 그 주 안에 받을 수 있었다. 센터의 도서관이 일본 전국의 도서관은 물론, 일본 관련 연구소와도 전부 연결되어 있었기 때문이다.

8개월의 연수 기간에 내가 수행할 과제는 일본어로 리포트를 써서 제출하고 그것을 일본어로 발표하는 일이었다. 발표장에 오는 청중은 물론 일본인이었다. 처음엔 걱정을 많이 했지만 개인 튜터의 도움을 받아 무사히 발표를 마칠 수 있었다. 정해진 프로그램의 수순을 잘 따라간 덕분이겠지만, 스스로 생각해도 참 신기하고 뿌듯했다. 나를 비롯해 일본어 초짜이던 친구들이 8개월 만에 일본어로 발표하면서 농담까지 할 여유가 생긴 것이다. 결과적으로 보면 프로그램이 참 알차게 잘 짜여진 것 같다.

꿈이란 게 신기하다. 계속 같은 꿈을 꾸다보면 어느새 그쪽으로 길이 열리고 꿈을 향해 한 발짝 다가선 것을 깨닫는다. 일본 연수는 내 오랜 꿈을 이룬 가슴 뛰는 경험이었다.

/ 삿포로에서 오키나와까지 /

나만의 마츠리를 찾아라!

　일본국제교류기금의 연수에 참여하는 동안 일본어를 배우는 것 말고도 내가 정한 연구를 계속해나가야 했는데, 그 당시 내 연구 주제는 축제, 즉 마츠리였다. 일본에는 워낙 마츠리가 많아서 구체적인 주제를 정하기까지 시간이 많이 걸렸다. 우선 마츠리를 하나 골라서 그것이 어떻게 조직되고 운영되는지 파악하기로 했다. 문헌도 찾아보고 영상 자료도 수없이 들여다봤지만 마음에 딱 와닿는 마츠리가 없었다. 역사가 오래된 마츠리는 자료는 방대했지만 대개 역동성이 떨어져 흥미롭지 않았.

　그러던 차에 알게 된 것이 일본 홋카이도의 삿포로에서 매년 6월에 열리는 '요사코이 소란 마츠리ょさこいソーラン祭り'였다. 마치 영화 속의 한 장면처럼, 어느 날 우연히 마츠리가 날 찾아왔다. 아직 일본어도 서툰 상황에서 이 주제를 가지고 뭘 어떻게 해야 할지 고민하다가 우선 마츠리를 진행하는 사람들을 만나야겠다

고 생각했다. 그길로 당장 삿포로행 비행기표와 가장 저렴한 호텔을 예약했다. 길에서 버리는 시간을 아끼려고 마츠리 조직위원회(이하 조직위) 사무실과 가까운 호텔을 찾았는데, 다행스럽게도 빈방이 있었다.

일본어로 예의를 갖춰 술술 이메일을 쓸 수준은 아니어서 『이메일 쓰는 법』이라는 일본어 책을 구입해 책에 나오는 대로 면담을 요청하는 메일 샘플을 여러 개 썼다. 그런 다음 연수 기간 동안 내 개인 튜터였던 니시노 아이西野藍 선생에게 도움을 청했다. 니시노 선생은 내가 쓴 메일과 인터뷰 내용을 고쳐주는 것은 물론, 인터뷰할 때 약속 시간 5분 전에 도착할 것, 명함을 교환하는 방법, 이야기를 마치고 명함을 집어넣는 예의, 녹음할 때 부탁하는 말까지 내가 취해야 할 태도를 구체적으로 하나하나 짚어주었다. 인터뷰 한 달 전에는 일본어 회화 CD를 주면서 매일 반복해서 CD 안의 대화를 따라 해보라고 했다.

마츠리 조직위에 정중히 면담 요청 메일을 띄웠는데, 생각보다 빨리 답변이 왔다. 조직위에서는 기꺼이 면담에 응할 것이며 질문 내용을 미리 보내달라고 했다. 한국에서 축제 평가 전문위원으로 활동했던 경험도 있었던 터라 그동안 여러 매체를 통해 수집한 내용을 중심으로 그리 어렵지 않게 질문지를 만들었다. 니시노 선생은 내가 처음 인터뷰를 하러 간다고 할 때만 해도 불안했는데, 질문지를 보니 상당히 전문적인 내용이라 조직위 쪽에서도 기꺼이 응대해줄 것 같다며 격려해주었다.

모두를 감동시킨 젊은 축제

아직 일본어가 서툴렀지만 2006년 1월 말, 영하 20도가 넘는 삿포로에 요사코이 소란 마츠리 조직위 핵심 인력들을 만나러 길을 나섰다. 삿포로는 내가 머문 기간 내내 눈이 내렸고, 기온이 영하 10도 위로 올라가는 법이 없었다. 그렇지만 사람들은 키만큼 쌓인 눈에 익숙한 것 같았다. 따뜻한 오사카에 있다가 추운 곳에 가니 눈의 물기가 어는지 눈이 아파서 밖에서 제대로 활동하기가 힘들 정도였다.

사전 답사를 끝낸 다음 날부터 사람들을 만나기 시작했다. 이왕 온 김에 '세계 3대 눈 축제' 중의 하나라는 유키 마츠리雪祭り 관계자들도 만날 계획이라 마음이 바빴다. 요사코이 소란 마츠리 조직위 구성원 중 그때 나를 기꺼이 응대한 사람이 우시마ｳｼﾏ 씨였다. 똑똑하고 야무진 이 친구 덕분에 일본 내 요사코이 계열 마츠리(딱딱이 같은 나루코를 들고 춤을 추는 마츠리) 담당자들의 네트워크를 만들 수 있었고, 짧은 소논문이었지만 일본어로 요사코이 소란 마츠리를 정리할 수 있었다.

뒤늦게 인터뷰 장소에 나타난 하세가와 가쿠長谷川岳 씨도 내 연구를 격려하며 이런저런 선물과 함께 근사한 저녁까지 대접해주었다. 하세가와 씨는 삿포로에서 유키 마츠리보다 더 유명해진 요사코이 소란 마츠리를 만든 장본인이다. 홋카이도 대학 경제학부 1학년생이었던 스무 살의 하세가와 씨는 어머니의 병문안을 위해 남쪽의 코우치현高知県을 방문하게 되었는데, 그곳에서 우연히 요사코이 마츠리를 보게 되었다고 한다. 코우치현의 요사코이 마츠리는 일본의 전형적인 축제 형태라기보다는 현대의 페스티벌에 가깝다. 시민들이 대규모로 팀을 짜서 나루코라는 딱딱이를 들고 나와 '요사코이'라는 노래에 맞춰 거리에서 춤을 추는 게 전부다.

하세가와 씨는 삿포로에서도 똑같은 마츠리를 만들어보겠다고 친구들을 모아 요사코이 소란 마츠리를 개최하게 되었다고 한다. 그는 같은 학교 학생 다섯 명과 함께 제1회 요사코이 소란 마츠리를 삿포로 오도리공원 한복판에서 열었다고 하는데, 그의 집념과 열정, 리더십은 정말 대단해 보였다. 지금은 시내를 돌아다니면 누구나 알아보고 악수를 청할 만큼 유명인이 되었지만, 처음 마츠리를 시작할 때는 이런 성공을 예상치 못했다고 한다. 내가 하세가와 씨를 인터뷰할 당시 요사코이 소란 마츠리는 거리를 무대로 이미 250만이 넘는 사람들이 즐기는 축제가 되었다. 휠체어를 탄 팀이 참가하기도 했고, 자원봉사자만 4천 명이 넘었으며, 폭발물 사고를 대비하기 위해 휴지통 하나마다 담당자가 따로 있을 정도로 관리도 철저했다.

삿포로에서 돌아온 후 내 행보는 더 바빠졌지만, 덕분에 일본 전역에서 펼쳐지는 요사코이 계열의 마츠리를 둘러볼 수 있었다. 하세가와 씨를 매료시켰던 코우치현 요사코이 마츠리 담당자도 직접 만날 수 있었다. 그들은 삿포로의 요사코이 소란 마츠리가 부럽다며, 처음 시작한다고 허락을 구할 때 라이선스라도 받아둘걸 그랬다며 웃었다.

마츠리 연구를 위해 일본의 축제 관계자와 전문가를 만나 인터뷰를 진행하면서 일본어 공부에 더욱 매달리게 됐고, 마츠리 덕분에 간사이에서 가까운 교토, 오사카는 물론이고 북쪽의 삿포로에서 남쪽의 오키나와까지 일본의 주요 대도시를 여행할 수 있었다. 혼자서 일본 여기저기를 여행하면서 저렴한 티켓과 호텔을 예약하는 노하우도 생겼고, 연수원 안에서 공부만 할 때보다 진짜 일본의 모습에 한 발짝 가까이 다가간 기분이 들었다.

/ 나와 맞는 학교를 찾아서 /

어느 학교로 갈까?

일본어가 웬만큼 익숙해지자 일본에서 본격적으로 학위를 받기 위해 공부하고 싶다는 생각이 들었다. 아무래도 또 공부병이 도지나보다. 마츠리 연구 후에 문화예술을 통한 지역개발에 관심이 깊어져서, 그 분야의 전문가가 있는 학교를 중점적으로 찾았다.

도쿄 대학東京大学의 이토 아비토伊藤亞人 선생은 문화인류학자이지만 지역개발에도 관심이 있다고 해서 이야기를 나누고 싶었다. 연락을 드렸더니 반가워하며 선뜻 만나고 싶다고 했다. 며칠 뒤, 축제 때문에 삿포로에 가는데 만날 수 있겠느냐는 연락이 와서 날짜에 맞춰 삿포로행 비행기표를 끊었다. 벌써 삿포로와의 인연도 두 번째다.

선생은 약속 장소에 부인과 같이 나왔다. 긴장하며 일본어로 인사했는데 놀랍게도 선생은 한국어로 답했다. 한국 전문가라는 사실은 알았지만, 그 정도로 유창하게 한국어를 할 줄은 예상하지 못했다. 유감스럽게도 이토 선생은 도쿄 대학에서 은퇴해 오키나와의 류큐 대학琉球大学 석좌교수로 있으며, 더 이상 학생을 지도하지 않는다고 했다. 대신 오사카의 민족학박물관에 설치된 종합연구대학원대학総合研究大学院大学의 아사쿠라 토시오朝倉敏夫 교수가 한국 문화와 축제에 관심이 많으니 연락해보라고 추천해주었다.

삿포로에서 돌아오자마자 연락했더니, 아사쿠라 선생은 답변과 함께 입학 관련 서류를 우편으로 보내주었다. 선생도 적극적이고 학교 과정도 괜찮아 보였는데, 한 가지 단점은 장학금이 많지 않았다. 그래서 결국 그곳은 포기하기로 했다. 그래도 인연이라고 아사쿠라 선생은 교내에 축제 관련 학술 행사나 세미나 등이 있으면 관련 내용과 일정을 이메일로 보내주었다.

그러던 중 교토 대학京都大学의 시게타 마사요시重田眞義 선생을 알게 되었다. 에티오피아 연구 경력만 30년이 넘는 분인데, 홈페이지 프로필을 보니 문화와 지역개발이 주요 관심 분야였다. 내가 보낸 메일에 선생은 친절하게 바로 답장을 보내주었다. 바로 학위를 시작하기보다는 연구생 과정을 1년간 거치면 좋겠다고 제안했다. 아울러 학비와 현지 조사비는 학교에서 제공할 예정이니 걱정할 필요 없고 생활비만 부담하면 되는데, 학교 기숙사가 저렴하니 알아봐주겠다고 했다. 선생은 마치 내가 이미 당신의 제자가 된 것처럼 친절하게 하나하나 입학 준비를 도와주었다. 더 이상 고민할 필요가 없어 보였다. 2006년 8월부터 넉 달 정도 에티오피아를 여행할 계획이었는데, 귀국 후 차근차근 준비해 이듬해 봄에 교토 대학으로 가면 될 것 같았다.

도쿄로 가고 싶어!

그런데 무슨 운명의 장난인지, 에티오피아에 머물면서 교토가 아닌 도쿄 쪽으로 점점 마음이 기울었다. 교토에 가면 편하게 공부할 수 있을지 모르겠지만, 장래를 생각하면 일본의 수도인 도쿄에서 공부해야 할 것 같았다. 게다가 1년간의 연구생 기간을 거치지 않고 바로 학위를 시작할 수 있으면 시간도 절약되고 좋지 않을까 싶었다.

그런데 아디스아바바를 떠나던 당일 오전이었다. 여행 중에 만나 친해진 일본인 친구가 나를 만나고 싶어 하는 사람들이 있다며 나와보라고 했다. 주소만 들고 무작정 찾아갔더니 다른 일본인 둘을 내게 소개해주었다. 세계 배낭여행을 하던 일본인 학생들로 국제관계 공부를 하고 있다는데, 아프리카를 훑고 중동 지역으로 넘어가는 중이라고 했다. 그 학생들이 지나온 지역에 관한 이야기를 나누다가 지역 정세나 국제관계에 대한 이해가 깊다는 것을 알았다. 문득 일본 유학 준비에 도움이 될 수도 있겠다는 생각이 들어, 도쿄에 있는 학교를 알아보고 있는데 혹시 소개해줄 만한 데가 있는지 물어봤다. 그랬더니 두 학생 모두 망설임 없이 히토쓰바시 대학 橋大学을 추천했다. 그 당시에는 처음 듣는 재미있는 이름의 학교라고만 생각했다.

에티오피아에서 돌아오자마자 강원도 화천으로 가서 산천어 축제 홍보를 맡게 되었다. 낮에는 축제 때문에 눈코 뜰 새 없이 바빴고, 퇴근 후에는 유학 준비로 정신이 없었다. 12월 내내, 퇴근 후에는 화천 읍내의 조그만 여관방으로 돌아와 학교와 과정, 지도교수가 될 연구자를 검색했다. 일본 대학의 입학시험은 대부분 입학 전해 가을에 끝나기 때문에, 당장 내년에 입학할 수 있는 학교가 많지 않았다. 설사 학교를 빨리 찾는다 해도 시험을 봐야 하는데, 내 일본어 수준으로 전공 시험이나 제대로 치를 수 있을지 의문이었다. 무엇보다 날마다 검색하는데도 나와 맞는 학교는 좀처럼 나타나지 않았다.

학교를 찾는 것도 문제였지만, 친절하게 대해주었던 교토 대학의 시게타 선생에게 그간의 정황을 어떻게 설명해야 할지도 걱정이었다. 아무래도 솔직하게 이야기하는 편이 낫겠다 싶어, 도쿄에서 공부하고 싶다고 말하고 도쿄의 학교에 대해 여쭈었다. 시게타 선생은 너그럽게 이해해주었다. 게다가 우선 유학 경비를 해결하라며 일본의 각종 장학재단 리스트까지 보내주었고, 자격 조건에 해당되면 주저하지 말고 무조건 장학재단에 연락해보라고 했다.

기나긴 시험 과정

우여곡절 끝에 찾아낸 학교가 신기하게도 히토쓰바시 대학이었다. 도쿄 도심에서 좀 떨어져 있지만 역사도 오래되었고, 사회학과에 국제개발 및 아프리카 지역 연구로 유명한 고다마야 시로오児玉谷史郎 교수가 가르치고 있었다. 이 학교와 고다마야 선생이 어떤지 시게타 선생에게 여쭈었더니 좋은 학교, 좋은 선생님이니 가게 되면 열심히 하라고 조언해주었다. 시게타 선생이 보증한 곳이라, 히토쓰바시 대학의 입학 원서를 본격적으로 준비하기 시작했다.

가장 중요한 연구 계획서 쓰는 일이 생각처럼 쉽지 않았다. 입학 당시 연구 주제는 커피가 아니었고, 우선 에티오피아의 지역개발을 주제로 왜 히토쓰바시 대학에서 공부해야 하는지, 내가 부족한 게 뭔지, 장차 연구를 통해 무슨 일을 할 계획인지 등을 일본어로 적어보기 시작했다. 한 번도 외국어로 그런 문서를 써본 적이 없었고, 주변에 도움받을 만한 사람도 없었다. 당시에는 화천에서 일을 하고 있었기 때문에 유학원을 통해 알아볼 수도 없었다. 일단 인터넷을 통해 꼭 들어가야 하는 내용은 무엇인지, 다른 사람들은 어떻게 쓰는지 찾아봤다. 일본어로 '연구 계획서' 혹은 '대학원 입시 연구 계획서' 등의 검색어를 두드리니 참고할 만한 샘플이 많았다. 대충 훑어보니 연구 계획서에는 정답이 없었다. 그래서 샘플을 토대로 목차를 만들고, 연구 목적, 연구 개요, 연구 방법론 등을 적고 참고문헌까지 집어넣어 그럴듯한 연구 계획서를 만들었다. 마지막으로 일본어를 잘하는 지인에게 맞춤법을 봐달라고 부탁했다. 그리고 1월 말쯤 무사히 접수를 마쳤다. (사실 '무사히'라고 하기에는 우여곡절이 너무 많아 다음 장에 관련 내용을 소개한다.) 본격적으로 유학 준비를 시작한 후 입학 원서를 접수하기까지 한 달 보름 정도 걸린 것 같다.

  그러고 나서 2월 중순에 시험을 치르기 위해 3박 4일 일정으로 도쿄에 갔다. 모든 학생들이 필기시험을 치르고, 그다음 날 발표가 나면 필기시험 합격자만 면접을 볼 수 있었다. 필기시험은 세 문제가 출제되었는데, 첫 번째 문제는 일본어로 된 논문을 읽고 제한 시간 내에 300자 정도로 요약하는 것이었다. 처음에는 너무 막막해서 시험을 포기할까 싶었다. 논문을 3분의 2쯤 읽다보니 아는 내용인 것 같아 대략적으로 정리를 마쳤지만, 답안지가 원고지 용지처럼 되어 있어서 글자 수를 맞추기가 어려웠다. 두 번째는 짧은 글을 읽고 그에 대한 자신의 생각을 쓰는 논술 과제였다. 운 좋게도 지문의 내용을 비교적 빨리 이해해서 답을 쓸 수 있었다. 세 번째는 지원한 전공 및 앞으로 연구할 과제에 관해 쓰라는 문제였는데, 답안지가 여러 장이라서 채우는 데만 급급했던 것 같다. 외국인이라도 필기시험을 칠 때 사전을 사용할 수 없어서 처음에는 많이 당황했지만, 그나마 백지를 내지 않은 것에 안도하며 시험장을 빠져나왔다.

필기시험 합격자를 발표하는 날, 다행히도 게시판에서 내 번호를 찾을 수 있었다. 다음 날 면접시험을 보았는데, 얼마나 긴장했던지 면접 시간과 교실을 몇 번이나 확인했는데도 면접 순서를 오후로 착각해 하마터면 면접을 못 볼 뻔했다. 뒤늦게 부랴부랴 면접장에 들어가서 면접관들에게 숨 돌릴 시간 좀 달라고 부탁해야 했다. 면접관으로 앉아 있던 인자한 인상의 두 교수는 필요한 만큼 시간을 줄 테니 마음의 준비가 되면 말하라고 했고, 덕분에 한결 편안한 마음으로 면접을 볼 수 있었다.

2월 말 합격자 발표가 났고, 4월에 나는 도쿄 히토쓰바시 대학 사회학연구과 석사 과정 학생으로 무사히 입학하게 되었다. 그곳에서 면접관이었던 고다마야 선생을 다시 만났다. 입학 후에 추천서가 필요해서 고다마야 선생에게 부탁한 적이 있는데,

내가 직접 기관에 제출하면서 궁금한 마음을 참지 못하고 추천서를 살짝 열어보았다. 입학시험을 볼 때 필기시험은 잘 봐놓고 면접 볼 때 많이 불안해해서 입학 후에 잘할 수 있을까 걱정했는데, 학교생활도 잘 적응하고 있고 전도유망하다고 쓰여 있었다. 아무래도 면접시험 성적은 영 별로였나보다.

/ 고난의 연속이었던 첫 학위 과정 /

좌충우돌 입학 수속

　입학 원서를 준비할 당시 서울이 아닌 화천에 있었던 터라, 미리 신경 써서 학교에 서류를 며칠 일찍 보냈다. 반송용 우표도 국제우편용으로 사서 넣었고, 원서 접수비도 안내 서류에 적힌 계좌번호로 정확히 송금했다. 서류가 일본에 잘 도착했을까 궁금하던 차에 학교에서 연락이 왔다. 일본 현지의 대리인이 없으면 입학 원서 접수가 불가능하다는 것이다. 그리고 원서 접수비도 일본에서 내야지, 나처럼 외국에서 직접 은행으로 보내면 안 된다고 했다. 그래서 나는 도쿄에 아는 사람도 없고, 대리인을 선정할 형편도 안 되며, 지금 하는 일 때문에 접수비를 내러 당장 일본에 갈 수도 없는 상황이라고 설명했다. 학교 측은 마감일은 지났지만 서류 접수를 미뤄줄 테니 우선 대리인을 찾아보라고 했다.

　당장 원서를 접수해줄 대리인을 어디에서 찾는단 말인가. 에티오피아에서 만난 일본인 대학생을 비롯해 아는 지인을 총동원했다. 그러던 중에 고다마야 선생의 한국인 제자 하나가 도쿄에 있다는 소식을 들었다. 일면식도 없으면서 연락해 대리인이 되어달라고 부탁했고, 결국 그이 덕에 무사히 원서를 접수할 수 있었다.

일본 학교에서는 외국인들이 학위 취득 전에 일본에서 일본어를 배우거나 연구생으로 1~2년 정도 공부하는 경우가 대부분이라, 일본에 당연히 지인이 있으리라 생각하고 대리인 제도를 고수하는 모양이었다. 나처럼 외국에서 직접 지원하는 학생에게는 불편한 점이 한두 가지가 아니었다. 연구과에 알아보니 연구생 기간을 거치지 않고 외국에서 직접 원서를 보낸 경우는 내가 처음이라고 했다. 내 사례 때문에 추가 조항이 생겨야 할 것 같았다.

그런데 문제는 그것으로 끝난 게 아니었다. 연구과에서 발송되는 모든 서류는 대리인을 통해 받게 되어 있었다. 시험을 보기 위해서는 서류 전형도 있었고 면접도 있었는데, 관련 서류 일체가 대리인에게 갔다. 고맙게도 대리인은 내가 그 학교에 합격할지 못 할지 모르는 상황에서도 귀찮은 내색 없이 서류가 오면 내게 바로 연락해줬다.

합격자 발표가 난 뒤, 내 이름을 합격자 명단에서 확인한 대리인은 자신이 할 일은 모두 끝났다고 생각한 모양이었다. 합격자 발표 후 대리인으로부터 아무런 연락이 없었다. 입학 날짜는 다가오는데, 입학 수속을 언제 어떻게 밟아야 하는지 몰라 점점 불안해졌다.

3월 마지막 주, 통 연락이 없던 대리인에게서 메일이 왔다. 이번 주가 입학 수속 마감인데 왜 접수하지 않느냐고 학교에서 연락이 왔다는 것이다. 그래서 입학 허가서도 받지 못했고 수업료 관련 서류도 없다며 어쩔 줄 몰라 했더니, 학교에 직접 연락해보는 게 좋겠다고 했다. 학교 측은 상황 설명을 듣고는, 국제특급우편으로 관련 서류를 보내줄 테니 당장 와서 입학 수속을 밟으라고 했다.

관광 비자로 입국하면 안 되는 거였어?

가족과 친구들에게 곧 일본에 가게 될 거라고 언질은 해두었지만, 나조차 정확한 출국 날짜를 몰랐다. 결국 사람들과 제대로 인사도 못 하고, 서류가 도착한 다음 날 입학 수속을 위해 서둘러 일본행 비행기에 올랐다. 학생 비자를 만들 시간도 없어 관광 비자로 입국했다. 관광 비자의 효력이 있는 동안은 별 문제가 없을 것 같아 입학한 후에 비자 문제는 까맣게 잊고 지냈다. 그런데 알고보니 일본에 도착하자마자 학생 비자 수속부터 밟았어야 했다. 결국 가장 중요한 일을 놓친 꼴이었다.

4월 말쯤이었다. 장학금 정보를 입수해서 신청하려고 유학생과에 갔더니, 담당자가 큰일이라도 난 것처럼 직급이 높은 사람을 불렀다. 아직까지 이 학생에게 학생 비자가 없는 것 같은데 어떻게 하면 좋겠느냐고 묻는 것이었다. 비자가 없으면 장학금 신청이 안 된다는 걸 그때 알았다. 유학생과에서는 학생 비자가 없으면 여러 가지 불이익이 있다고 설명하면서, 연구과에 필요한 서류를 준비해놓으라고 연락할 테니 내일 당장 출입국관리소로 가라고 했다. 연구 계획서, 입학 허가서, 통장 잔고 증명서 등 학생 비자를 발급받기 위해 필요한 서류가 많았다. 신청서와 부속 서류들을 챙겨서 그다음 날 비자를 신청했다. 그러나 학생 비자는 6월이 되어서야 발급되었고, 결국 그때까지 학생이 아닌 관광객 신분으로 지낼 수밖에 없었다. 아르바이트도 할 수 없었고, 장학금 신청도 하지 못했다. 처음에는 전화와 통장도 개설할 수 없었는데, 학교 앞 지점에서 학생증과 신분 증명 서류를 받아 줘서 간신히 개설할 수 있었다.

새 학기가 시작되는 4~5월에 신입생을 대상으로 제공하는 장학금이 많은데, 비자를 받았을 때는 이미 6월이어서 괜찮은 장학금은 전부 물 건너간 뒤였다. 게다가 나이 제한에 걸려 신청할 수 있는 장학금도 거의 없었다. 지도교수는 내가 입학할 때부터 재정적으로 곤란한 상황이란 것을 알고 여러 가지 장학금 정보를 알아보는 눈치였는데, 국비장학생 추천도 나이 때문에 안 되자 포기한 것 같았다. 그러더니 장학금에 필요한 추천서는 언제든 써줄 테니 주저하지 말고 얘기하라고 했다.

산 넘어 산이라고 집을 구하는 것도 문제였다. 우선 학교에서 전철로 두 정거장 떨어진 게스트하우스를 찾아 덥석 계약했다. 처음엔 한두 달만 살고 나올 계획이었다. 가격도 월 7만 엔이나 해서 내 재정 상태로는 도저히 버틸 수가 없었다. 하지만 그때는 한창 이사철이라 당장 방을 구하기도 힘들었고, 게스트하우스는 보증금 없이 들어갈 수 있다고 해서 계약했던 것이다. 시설도 형편없는데 비싼 방값을 내느라 6개월간 너무 고달팠다. 거의 무일푼으로 일본에 왔는데 수입도 없이 방값으로만 매달 7만 엔씩 빠져나가는 것을 보면서, 누가 시키지도 않았는데 내가 왜 사서 고생인가 싶어 가슴을 친 적이 한두 번이 아니었다. 학교에서 집에 가는 길이 그렇게 멀 수가 없었다. 방에 누워 있다가 이렇게 죽어도 아무도 모르겠다는 생각이 들면 한없이 무기력해졌다.

/ 공부한다고 돈이 나와 밥이 나와 /

혹시 난 바보가 아닐까?

낯선 곳에서 혼자 생활하는 것도 힘들었지만, 무엇보다 학교 수업을 따라가기가 너무 벅찼다. 매일같이 울고 싶었다. 전공 용어도 알아듣기 어려웠고, 수업 중에 토론을 할 때가 많았는데 지금 내가 말을 제대로 하고 있는가에만 신경이 쓰여 집중하기도 힘들었다. 게다가 고다마야 선생이 주도하는 우리 과의 세미나 수업은 유학생이라고 봐주는 법이 없어서, 수업이 끝나면 왜 그것밖에 못했나 싶을 만큼 창피했다. 그렇다고 다음 시간에 더 잘할 자신도 없어서 스스로가 너무 한심했고, 학교 가는 날이면 더 우울해졌다.

발표를 위해 읽어야 할 책이 몇 권씩 학생들에게 주어지면, 이를 읽고는 발표하고 토론하는 것이 이 학교의 수업 방식이었다. 교수의 역할은 방송 프로그램으로 치면 사회자 정도였다. 다른 길로 샌다 싶으면 컷, 말이 안 된다 싶으면 컷. 처음에 내가 정말 바보인 줄 알았다. 한 과목의 수업 준비를 위해 며칠씩 낑낑대도 결과는 늘 초라했다.

다른 유학생에게 너도 그러냐고 하소연했더니, 자기도 한 과목 준비하는 데 사나흘씩 걸린다고 하기에 적잖이 위로가 되었다. 돌이켜보면 내게 남아 있던 모범생 기질이 그 어려운 시절을 견디게 해주었는지도 모르겠다. 과제가 엄청 많았는데도 빠짐없이 마감일 전에 제출했고, 결석을 하는 법도 없었다. 대학원 과정이라 학생들이 바글대는 대규모 강의는 없었지만, 무조건 구석 자리는 피했다.

일본 대학원은 한국보다 이수 단위가 낮아 학점을 제 기간에 따려면 수업을 많이 들어야 한다. 한국에서 대학원을 다닐 때는 총 이수 학점이 21학점에 한 과목당 3학점씩이니 졸업할 때까지 일곱 과목만 들으면 되었고, 실습이 많아 부담이 덜했다. 그러나 일본은 졸업에 필요한 이수 학점도 많고, 과목당 1~2학점에 불과해 한 학기에 일고여덟 과목씩 들어야 했다. 게다가 과제가 만만치 않았다. 중간고사나 기말고사 기간에는 제출하는 과제의 수나 양이 더 늘어나는데, 마감 기한을 맞추느라 잠자고 먹는 시간까지 줄여야 할 지경이었다. 특히 써서 제출하는 것으로 끝나는 게 아니라 발표까지 해야 하는 과제는 시간이 몇 배나 더 걸렸다. 일본어는 한자 읽는 방법이 까다로워 발표 원고에 발음을 일일이 적어놓고 실수하지 않도록 수십 번도 넘게 연습해야 했다.

그렇게 열심히 준비하고도 실수를 했다. 내 생각을 일본어로 표현할 방법을 찾지 못해 말하기를 포기할 때도 많았다. 반론하고 싶어도 아쉬워만 하다가 꿀 먹은 벙어리처럼 입을 다물 때가 한두 번이 아니었다. 이렇게 수업 시간은 늘 긴장의 연속이었지만, 그래도 한국에 비해 국제개발 분야 연구가 활발한 이곳에서 새롭게 배우는 것들이 많아 한편으로는 재미있었다.

하루하루 견뎌내던 시절

수업만 어려운 것이 아니었다. 4~5월은 각종 신청서의 계절이라 때맞춰 내지 않으면 안 되는 서류들이 엄청나게 많았다. 이 일만 대신해줄 사람이 있으면 좋겠다 싶을 정도였다. 그나마 외국인 등록 신청서처럼 구청에 제출만 하면 되는 서류는 괜찮은데, 몇 장의 서류 제출로 돈이 오가는 장학금 관련 서류나 수업료 면제 신청 서류들이 문제였다. 신청 사유를 적을 때도 일본 사람들과의 문화적 사고 차이를 고려해 어떤 내용은 쓰고 어떤 내용은 빼야 할지 고민해야 하는데, 이제 갓 일본에 온 유학생으로서는 감을 잡을 수가 없었다.

일본의 국립대학은 외국인 유학생을 위해 입학 후 1년간 무료로 일본인 튜터 제도를 운영하는데, 나는 2학기가 되어서야 그 사실을 알게 되었다. 같은 학교나 과 내에 비슷한 전공의 일본인 선배를 튜터로 삼아 도움을 받는 제도였다. 비용은 정부가 부담했고, 마음에 들지 않으면 튜터를 바꿀 수도 있었다. 같은 수업을 듣는 학생이 튜터일 경우 더 도움이 되는 면이 있지만, 튜터가 유학생의 아이디어를 훔쳐서 과제로 제출하는 경우도 있다고 들었다. 나는 나중에 튜터 제도를 알게 된 뒤에도 개인적인 사정이 담겨 있는 장학금 관련 서류를 남에게 보여준다는 것이 찜찜해, 결국 혼자서 고군분투하는 방법을 택했다.

수업이 끝나고 전철에서 내려 30분은 되는 거리를 걸어 집에 오면, 밥도 못 먹고 그날 수강한 과목의 과제와 각종 신청서를 처리해야 했다. 도저히 이대로는 못 살겠다 싶을 정도로 힘들었고, 매일 그냥 다 그만두고 싶었다. 숙제만 마치면 죽는 방법을 생각해야지 했는데 모두 끝내면 지쳐 쓰러져 자기 바빴고, 다음 날이 되면 좀비처럼 일어나 학교에 갔다. 등굣길에 약국을 볼 때마다 오늘은 돌아갈 때 잊지 않고 수면제를 사겠다고 마음먹고는, 집에 갈 때는 수업 시간에 왜 그렇게밖에 못했을까 하는 자괴감에 빠져 약국에 들르려던 계획은 까맣게 잊었다.

나도 뼈저리게 경험했지만 유학 생활이란 게 결코 녹록하지 않다. 우울감에 시달리다가 자살하는 학생이 생각보다 많다. 그래서 대학에서는 향수병이나 스트레스로 힘들어하는 학생들을 위해 다양한 방법을 강구하고 있다. 학교 구내 병원의 학생상담센터도 그 일환인데, 이곳에서 정신과 전문의의 진료를 받을 수 있다. 공부 스트레스 외에도 혼자 처리해야 할 여러 가지 문제로 인한 압박감, 타향살이의 피로감 등이 겹쳐서 찾아오는 우울증은 많은 유학생들이 겪는 것이다. 나 혼자만의 문제가 아니니 아무도 모르게 끙끙 앓지 말고 주변에 도움을 청하기 바란다.

신청서의 달인이 되다

첫 학기 여름 방학이 시작될 즈음, 내가 일본의 타카세국제장학재단タカセ国際奨学財団의 장학생이 되었다는 소식을 들었다. 일본에서 국제개발을 전공하는 외국인 유학생에게 주는 장학금이었다. 학생 비자만 나오면 바로 장학금도 받고 아르바이트도 시작하게 될 줄 알았는데, 비자 발급이 늦어져서 거의 학교를 포기할 참이었다. 유학생과에 찾아가 지금 학교를 그만두면 재입학을 할 때 입학시험을 다시 봐야 하는지, 언제쯤 학교를 그만두면 좋은지 진지하게 상담하는 과정에서 이 장학금을 추천받았다. 매달 10만 엔 정도가 지원되는데, 숨통이 확 트이는 것 같았다.

가을 학기부터 학교 기숙사에 입주할 수 있다는 연락도 비슷한 시기에 받았다. 신이 나에게 주는 시련은 여기까지구나 싶었다. 기숙사 입주가 결정된 날, 살아 있어서 다행이란 생각을 수도 없이 했다. 지금이야 웃으면서 이야기할 수 있지만, 그 당시 유학 생활을 시작했을 땐 몸도 마음도 너무 힘들었다. 준비 없이 시작한 유학이 어떤 건지 매 순간 느끼던 시절이었다.

하지만 덕분에 얻은 것도 있다. 각종 장학금 신청서, 입학금 면제 신청서, 매 학기 학비 면제 신청서, 기숙사 입주 신청서, 현지 조사비 신청서 등 셀 수 없이 많은 신청서를 작성해 제출한 바람에, 이제 어떤 신청서든 부담 없이 쓸 수 있게 되었다. 어떤 수업은 소수 정예 수업이라 수강 신청을 할 때 신청서를 제출해야 하는 경우도 있었다. 수강 전에는 복잡한 신청서 작성이 막막해서 이렇게까지 해서 수업을 들어야 하나 싶다가도, 수업에 대한 만족도가 높아서 다음 학기가 되면 또다시 신청서를 쓰고 있는 나를 발견한다. 연구자의 인생에서 신청서 작성은 필수 불가결하다는 사실을 알려주려고 학교에서는 그렇게 많은 신청서를 요구했는지 모르겠지만, 덕분에 학위뿐만 아니라 신청서 작성의 노하우까지 얻었다.

/ 유쾌하지만은 않았던 기숙사 생활 /

기숙사에 당첨되다

일본에서는 집을 얻는 일이 아주 복잡하다. 한 달 월세만큼 보증금을 요구하기도 하고, 보험료, 열쇠 교체료 등을 포함해 보통 월세의 두세 배 금액을 첫 달에 지불해야 입주할 수 있다. 한 달 월세 5만 엔짜리 집이라면 최소 15만 엔의 목돈이 있어야 계약할 수 있다. 내가 일본에 도착하자마자 게스트하우스를 계약한 것은 보증금 없이 월세 7만 엔만 내면 바로 입주할 수 있기 때문이었다.

드디어 6개월 동안 살던 게스트하우스를 떠나 학교 기숙사로 방을 옮겼다. 거리도 학교와 가까워지고 환경 또한 완전히 달라졌다. 일단 방값이 전보다 5분의 1로 확 줄어서, 아르바이트를 덜 하고 공부에 더 많은 시간을 할애할 수 있어서 좋았다. 히토쓰바시 대학 코다이라小平 기숙사에는 전기통신대학, 학예대학, 농업대학 등 도쿄의 네 개 대학 외국인 유학생 400여 명이 모여 살았다. 근처에는 히토쓰바시 대학에서 공부하는 일본인 학생을 위한 기숙사도 있었다. 신주쿠新宿에서 전철을 타고 서쪽으로 30분은 달려야 하는 변두리의 기숙사치고는 규모도 크고 시설도 좋았다. 잘나가는 동문들의 기부 덕분에 한 달에 1,500엔만 내면 이용할 수 있는 체육관과 수영장은 이 기숙사의 또 하나의 자랑거리였다.

특히 내 입장에서 좋았던 것은 따로 있었다. 게스트하우스는 구조가 폐쇄적이라서 옆방에 누가 사는지도 잘 몰랐고, 한참 우울감을 겪을 때 가장 무서웠던 것은 내가 여기서 죽어도 아무도 모를 거라는 사실이었다. 그렇지만 기숙사는 그런 염려는 하지 않아도 될 것 같았다.

구미코 씨의 막강 친절 서비스

게스트하우스에는 가재도구가 모두 갖춰져 있었는데, 기숙사에 오니 당장 밥솥이나 그릇이 필요했다. 어디에서 사면 좋을지 알아보러 기숙사 업무과로 갔더니, 구미코久美子 씨라는 분이 웃으며 이런저런 설명을 해주었다. 어디서 왔는지, 무슨 과에서 무슨 공부를 하는지도 물어보았다. 한국에서 왔고 사회학과에서 에티오피아에 대해 공부한다고 했더니, 대단하다면서 늘 응원하겠다는 말을 잊지 않았다. 따뜻한 격려에 기숙사 생활 첫날부터 기분이 좋았다.

구미코 씨는 친한 동네 아주머니처럼 푸근한 인상으로 상대방을 무장해제시키는 능력이 있었다. 나도 모르게 이곳에 오기 전에는 어디에서 살았고, 기숙사에는 어떻게 들어오게 되었으며, 가장 필요한 게 전기밥솥과 자전거라는 것까지 시시콜콜하게 이야기하고 말았다. 구미코 씨는 내가 부탁한 것도 아닌데 일주일도 안 되어 그 품목들을 전부 챙겨주었다.

외국인 유학생 400여 명이 살고 있는 기숙사에는 일본어를 전혀 못하는 유학생들이 부지기수였는데, 구미코 씨는 그들과 말이 안 되는 영어를 쓰면서 거리낌 없이 의사소통을 했다. 핵심적인 단어만 나열해도 알아듣는 데 전혀 문제가 없었다. 그렇게 유학생들과 스스럼없이 소통하며 그들의 고충을 들어주고 해결해주는 천사 같은 분이었다. 구미코 씨의 '막강 친절 서비스'는 기숙사 안팎으로 소문이 자자했는데, 내게는 고마운 일이 유독 많았다.

고약한 냄새의 주범을 찾아라!

나는 기숙사 8층에 살았는데, 맑은 날이면 베란다 쪽 창문을 통해 후지산이 보였다. 기숙사에는 중국 유학생들이 유난히 많았다. 방값이 저렴해서 기숙사 입주 경쟁은 언제나 치열한데, 중국 유학생들이 자기 어필에 유능하다는 소문이 돌았다. 내 경우는 자기 어필이라기보다는 소설 한 편을 써서 입주에 성공했다고 할 수 있다. 지금 처한 상황이 힘들어서 기숙사 입주가 안 되면 도저히 학업을 이어가기 힘들다는 내용이었는데, 아무래도 간절함이 통한 모양이었다.

외국인 유학생 동의 각 층에는 RA$_{\text{Resident Assistant}}$라고 부르는 일본인이 한 명씩 살고 있었다. 내가 있는 층에도 외국 유학생 스무 명 이외에 야마구치山口 출신의 일본인 유학생이 같이 살았다. 일본어를 잘하는 외국인도 있지만 전혀 못하는 외국인도 있어서, 생활하면서 불편한 일이 생기면 이 일본인 RA로부터 도움을 받을 수 있었다.

기숙사 시설은 개인 방과 공동 취사 시설, 공동 세면 시설로 구성되어 있었다. 개인 방에는 책상, 의자는 물론 에어컨에 냉장고까지 갖추어져 있어서, 도착하자마자 불편함 없이 생활할 수 있었다. 이불이나 가재도구는 알아서 마련해야 하지만, 코스를 끝내고 떠난 사람들이 두고 간 새것이나 다름없는 물건들은 새 입주자들에게 아주 요긴했다. 자전거며 전기밥솥이며 종류도 다양했다.

기숙사비는 한 달에 9,900엔. 여기에 공익비 2,000엔, 거의 거저나 다름없는 전기료, 수도료가 포함되면 한 달에 방값으로 12,000~13,000엔 정도 들었다. 여름과 겨울에는 자기가 쓴 만큼 냉난방비가 추가되는데, 내 경우에는 많이 틀어도 한 달에 기숙사비가 13,000엔을 넘지 않았다. 방값이 싸다보니 다들 기숙사에 들어와 살고 싶어 했고, 방이 모자라서 늘 경쟁이 치열할 수밖에 없었다.

개발도상국에서 온 학생들의 경우, 컴퓨터를 처음 써보거나 전철을 처음 타보는 학생들도 있었다. 세탁기, 전자레인지, 토스터기 사용법을 모르는 학생도 의외로 많았다. 공동 취사실의 싱크대에서 세수를 하거나 가래침을 뱉어가며 양치질을 하는 학생들도 더러 있었다. 더러워진 신발을 벗지 않고 부엌에 신고 들어오는 학생, 쓰레기 분리수거를 하지 않는 학생도 부지기수였다. 내가 사는 층에는 아시아에서 온 학생들이 많았는데, 공동 취사실을 늘 더럽게 사용해서 골치가 아팠다. 잘 없어지지 않는 카레 냄새가 늘 진동했는데, 여기에 한국 유학생의 된장찌개, 김치찌개 냄새까지 가세하면 취사실 대기가 아주 고약해졌다. 게다가 몸에 오일을 바르는 학생이 있는지, 공동 샤워 시설은 늘 기름 범벅이었다.

일본인만 거주하는 기숙사는 어떤지 모르겠지만, 외국인 기숙사는 어느 층을 막론하고 공동 시설이 깨끗하지 않았다. 일본인들은 학교 정책상 공부가 끝날 때까지 기숙사에서 지낼 수 있지만, 외국인은 특별한 경우 말고는 2년 이상 기숙사에서 살 수 없었다. 대부분 2년쯤 살고 다른 곳으로 이사를 가거나 고국으로 돌아가기 때문인지 공동 시설을 함부로 사용하는 통에 같이 생활하기가 힘들었다.

석사 2년차 여름 방학 때는 논문 중간 발표 때문에 기숙사에 내내 머물렀는데, 기숙사를 떠난 학생들이 공동 냉장고에 넣어 놓고 간 음식이며, 정리하지 않은 그릇 때문에 무척 스트레스를 받았다. 청소하는 아주머니는 주인이 있을지 모른다며 함부로 치우지 못하고, 벌레는 자꾸 꼬이는데 뾰족한 대안은 없고, 뭐든 끓여 먹고 살아야 하니 취사실을 이용하지 않을 수도 없어 정말 힘든 시간이었다. 결국 참다 못한 내가 어쩔 수 없이 팔을 걷어 붙였다. 유통기한이 한참 지난 우유나 요구르트는 다 버리고, 곰팡이가 핀 채 자리를 차지하고 있던 정체 모를 음식물도 통째로 버렸다.

며칠 동안 부엌이 깨끗해서 기분이 좋았는데, 새로운 코스를 시작하는 학생들이 입주하면서 다시 더러움과의 전쟁이 시작되었다. 취사실의 가재도구도 늘어났고, 덩달아 가스레인지며 주변이 더러워지기 시작했다. 문화 교류도 좋고 언어 교류도 좋지만, 공동 시설을 함부로 사용하는 사람들과 함께 산다는 건 그리 유쾌한 일이 아니었다. 내가 유학 생활을 하면서 가장 힘들었던 점 중 하나가 돈도 돈이지만 기숙사에서의 공동체 생활이었던 것 같다.

4장.

길을 잃는 것이 길을 찾는 방법

/ 외국어를 배우는 시간 /

내 주머니는 추워요

사람들이 나를 만나면 자주 하는 질문이 몇 가지 있는데, 가장 많이들 묻는 것이 유학 준비 방법이고, 그다음이 외국어 공부법이다. 유학 준비에 관해서는 해줄 이야기가 많은데 외국어 공부에 관해서는 우선 모국어 실력을 탄탄히 하고, 해당 언어를 무조건 많이 읽고 써봐야 한다는 것 말고는 특별히 비법이라 할 만한 게 없다.

몇 가지 외국어로 의사소통할 정도는 되지만, 솔직히 열심히 공부하지는 못했다. 더 파고들어 공부했으면 지금보다는 잘할 수 있을지도 모르겠다. 그래도 굳이 방법 하나를 꼽자면, 원어민이 하는 말을 똑같은 속도로 억양까지 흉내 내는 것이다. 나이 들어서 외국어를 공부하게 되면, 모국어 특유의 억양이 남아서 원어민과 똑같이 발음하기가 힘들다. 그래도 꾸준히 노력하면 어느 정도 발음이 향상되는 것을 느낄 수 있다. 좋아하는 배우나 뉴스 진행자 등을 따라 해보는 것도 방법이다. 특히 나처럼 남부럽지 않은 나이에 유학을 떠나는 사람이나 사교적이지 않아서 외국인과 말할 기회를 잡지 못하는 사람에게 좋은 방법이다.

 이메일을 자주 써보는 것도 좋다. 외국어 공부 방법에 매일 일기를 쓰라는 내용이 빠지지 않는데, 그보다 더 좋은 방법은 이메일 쓰기인 듯하다. 내가 쓴 일기를 고쳐주는 사람이 있으면 모를까, 혼자 보는 일기는 그다지 효과가 없다. 그러나 이메일을 쓰면 다른 사람들은 메일을 어떻게 시작하고 마무리하는지도 알 수 있고, 다양한 표현을 익힐 수 있다. 일본에서 고작 8개월간 일본어를 배우고 석사 학위 과정을 시작할 수 있었던 것도 이메일 쓰기로 일본어를 훈련한 덕분인 것 같다.

 일본에 처음 갔을 때 나는 히라가나ひらがな와 가타가나カタカナ 중 히라가나만 제대로 읽고 쓸 수 있었다. 자기소개는 꿈도 못 꾸고, 의사 표시도 마음껏 할 수 없었다. 다행히 일본어는 한국어와 문법도 비슷하고 한자가 많이 사용돼 그리 낯설지는 않았지만 문제는 회화였다. 도착해서 한두 달은 일본어 형용사 대여섯 개만 써서 하고 싶은 말을 전해야 했다. 예컨대 일본어로 '사무이寒い'는 '춥다'라는 의미인데, 나는 배가 고플 때도 몸이 아플 때도 그 단어를 사용했다. 돈이 없을 때도 호주머니를 가리키며 '사무이'라고 했는데, 궁여지책으로 사용한 표현을 듣고 다들 재미있어하며 따라 하기도 했다.

대여섯 개의 일본어 형용사로 의사소통을 하다가, 어느 순간 일본어 실력이 확 늘게 된 계기가 있었다. 비가 오는 줄 알고 우산을 들고 나갔는데 막상 비가 오지 않아 리셉션 데스크에 있는 일본인에게 내가 돌아올 때까지 우산 좀 보관해달라는 말을 하고 싶었다. 손짓 발짓까지 동원해서 용을 써봤지만 결국 실패하여, 우산을 가져다 두러 다시 방으로 올라가야 했다. 그다음부터 요긴하게 쓰이는 말은 무조건 적어서 외웠다. 그리고 새로운 상황이 닥쳤을 때 꼭 필요한 말이 무엇인지 생각해두었다가 그걸 중심으로 공부하기 시작했다. 한자 수업을 같이 듣는 학생들은 나 말고는 전부 회화가 고급 수준이라서 그 친구들로부터 필요한 문장을 많이 배울 수 있었다.

위대한 것 그 이상

낯선 외국어를 배울 때는 무엇보다 그 언어를 이해할 수 있는 매개 언어에 능숙하면 편하다. 영어를 한국어로 해석하는 것이 영어 단어로만 해석하는 것보다 훨씬 이해하기 쉬운 것처럼 말이다. 나중에 배우게 된 에티오피아 암하라어Amharic의 경우 이 언어를 이해하게 돕는 매개어가 없어서 처음에 굉장히 힘들었다. 에티오피아의 공용어는 영어와 암하라어였지만 오로모족, 티그라이족 등 소수 민족마다 사용하는 말이 달랐다. 어디서나 통할 거라 생각했던 '커피'라는 말을 일부 에티오피아 사람들은 쓰지 않아 당황했다. 암하라어로 말하는 사람들은 커피를 '분나'라고 했고, 오렌지는 '부르투칸', 바나나는 '무스'라고 했다.

현지 조사차 에티오피아에 도착하자마자 일주일 동안 무조건 명사 위주로 단어를 익혔고, '이 차는 어디로 가나요? 얼마예요? 여기에서 내려주세요.' 정도의 필수적인 말만 우선 외웠다. 외국인이라는 이유로 물건을 살 때 손해 보지 않도록 숫자 공부도 해야 했다. '필요하다, 원한다'는 표현도 필수였다.

에티오피아를 떠나올 때 친하게 지냈던 할아버지 한 분이 내게 에티오피아 이름을 지어주셨다. 발렛샤초. 내가 짧은 시간에 암하라어 단어를 외우고 사용하는 게 신기해서 선물로 주는 이름이라고 했다. 현지인들은 내 에티오피아 이름을 듣자마자 박장대소한다. 굉장한 이름이라서 사람 이름으로는 잘 안 쓰기 때문이라고 했다. 우리말로 해석하면 '위대한 것 그 이상'이라는 의미라는데, 아주 마음에 든다. 그래서 현지에 가면 내 이름 '오순'과 함께 '발렛샤초'라는 에티오피아 이름도 꼭 소개하곤 한다. 발렛샤초가 길다고 줄여서 부르는 사람들도 많았는데 그렇게 줄여 부른 이름이 '벨레투(현지에서는 '벌러투'에 가까운 발음)'

였고, 이제는 내가 창업한 회사의 이름이 되었다.

모국어의 힘

아무리 생각해도 외국어는 참 매정하다. 온 열정을 다해 배워도 한번 손을 떠나면 영 남남이 되어버린다. 자전거 타기와는 달라서, 사용하지 않으면 예전 상태로 돌리기도 힘들고 처음부터 다시 시작해야 한다.

대학원 과정은 연구하는 데만도 시간이 모자라기 때문에 과외 활동을 활발히 할 만한 여건이 되지 않는다. 그러다보니 학부생에 비해 대학원생은 현지인들과 말할 기회가 많지 않다. 그래서 도착한 지 1~2년이 안 된 학부생이 현지에서 6~7년 지낸 대학원생보다 오히려 현지어가 유창한 경우가 많다. 아르바이트를 해도 늘 사용하는 말은 한정되어 있으므로 매끄럽게 현지어를 구사하기란 참 힘들다. 결국 꾸준히 연습하는 길밖에 없다.

다국어를 구사하는 사람이라면 알겠지만, 일단 외국어를 하나 터득해두면 새로운 언어를 배우기가 쉬워진다. 물론 일정 수준을 유지하기 위해서는 그만큼의 노력을 기울여야겠지만 말이다. 그래서 나는 외국어를 공부할 때 일부러 모국어가 아닌 다른 언어를 사용한다. 일본어에 자신이 있다면 일본어로 중국어를 공부한다든지, 영어에 자신이 있다면 영어로 스페인어를 배우는 식이다. 완벽하게 이해가 안 될 때도 있지만 동시에 두 가지 외국어를 사용하니 감을 잃지 않게 된다.

그렇지만 무엇보다 중요한 건 바로 '모국어의 힘'인 듯하다. 일본에서 영국문화원으로부터 파견 나온 영국인 강사의 강의를 들은 적이 있는데, 그도 영어를 잘하기 위한 비법으로 모국어 능력을 강조했다. 모국어의 기본이 잡혀 있지 않은 사람은 영어는 물론 어떤 외국어도 잘할 수 없다는 것이다. 나 역시 모국어 실력을 제대로 갖추지 못하면 이도 저도 안 된다는 사실을 해외에 살면서 뼈저리게 느낀 바 있다.

/ 아르바이트? 고생문이 열리다 /

아르바이트 생활자의 설움

유학을 준비하면서 제일 신경 쓰이는 게 유학 경비를 마련하는 일일 것이다. 나야 무작정 떠나는 바람에 갖은 고생을 다 했지만, 지금 막 유학을 떠나려는 사람에게는 절대 추천하고 싶은 방법이 아니다. 내 경우에는 집에 손을 벌리고 싶지 않아 학비와 현지 생활비를 무조건 스스로 해결하기로 정했기 때문에 모든 고생을 감내해야 했다. 만약 본인이 벌어놓은 돈이 충분하거나 집안에 여유가 있어서 학비를 꼬박꼬박 송금해준다면 아무 문제가 없겠지만, 그게 아니라면 장학금부터 알아보는 편이 좋다. 기업에서 운영하는 장학재단이나 정부 장학금이 있긴 하지만, 30대에 유학을 준비하는 사람들에겐 나이 제한 때문에 해당 사항이 없다. 나이가 어리더라도 연구 분야보다는 학교의 지명도에 따라 장학금을 제공하는 경우가 많기 때문에, 유명 대학으로 가지 않는 이상 장학금 받기가 쉽지 않다. 그래서 많이 택하는 방법이 당장 필요한 돈만 들고 아르바이트를 병행하면서 공부하는 것이다. 고생문이 활짝 열렸다고 할 수 있다.

　학생 비자를 가지고 있는 경우, 대개 주당 20시간 정도의 아르바이트를 허용하는 나라가 많다. 일본은 대학생이나 대학원생의 경우, 출입국관리소에서 '자격 외 활동'을 신청해 '자격 외 활동 허가서'를 받으면 정해진 시간만큼 아르바이트를 할 수 있다. 한국보다 시급이 높기 때문에 부지런히 벌면 학비는 물론이고 생활비까지 충당할 수 있다. 영국의 경우 내가 비자를 받을 때만 해도 주당 20시간 아르바이트가 가능했다. 특별한 기술이 있어서 돈을 벌 수 있는 사람들은 크게 걱정할 필요가 없다. 문제는 현지에서 아르바이트를 해야 하는데, 공부 말고는 특별히 할 줄 아는 게 없는 사람들이다. 이 때문에 유학을 떠나기 전에 현지에서 할 수 있는 아르바이트에는 어떤 것이 있는지 미리 알아보고 준비하는 편이 좋다. 유학 생활을 하고 있는 선배들이 어떤 아르바이트를 하는지 살펴보면 참고가 될 것이다. 관련 자격증이 있거나 자원봉사 경험이라도 있다면 현지에서 아르바이트 하는 데 도움이 된다.

　말도 안 통하고 실무 경험도 없는 학생들이 도착하자마자 할 수 있는 아르바이트는 거의 없다. 현지의 한국 식당이나 한국 사람이 운영하는 회사에서 일하는 게 고작이다. 식당에서 일할 경우 홀에 나가 주문이라도 받을 수 있으면 주방에서 일하는 것보다 시급을 더 받겠지만, 말이 통하지 않으니 주문을 받을 수 있을 정도가 될 때까지 설거지만 해야 한다. 물론 그렇지 않은 곳도 있지만, 한국 식당이나 한국 기업이 이런저런 이유로 유학생을 착취하는 일도 심심치 않게 발생한다. 일은 일대로 힘들고 시급도 제대로 못 받는 경우를 많이 보았다.

한국어 교사부터 칼럼니스트까지

일본으로 유학을 떠나기 전에 3년간 일요일마다 외국인노동자센터에서 한국어를 가르쳤다. 이때 한국어를 가르치는 일이 재미있어서 대학에서 '외국인을 위한 한국어 교사 양성 과정'도 이수하게 되었다. 그 덕분에 일본에 가서 한국어를 가르치는 아르바이트 자리를 쉽게 얻을 수 있었다. 일본인에게 개인적으로 한국어를 가르친다면 몰라도, 학원 같은 곳은 교육 관련 자격증이나 경력을 꼼꼼하게 따지기 때문에 내가 대학에서 수강했던 한국어 교사 양성 과정이 좋은 경력이 되었다. 당시 일본에서 편의점 시급이 1,000엔 이하였는데, 한국어 교사의 경우 최하가 2,500엔 정도였고, 나는 경력이 인정되어 4,000엔까지 받을 수 있었다. 한류 붐과 자격증 덕을 톡톡히 본 셈이다.

기숙사에서 사감 일을 하면서 공짜로 기숙사를 이용하는 방법도 있다. 내가 머물던 영국 대학 기숙사에서는 외국인도 사감을 할 수 있었다. 같은 기숙사의 입주자들에게 불편한 점이 없는지 체크하고 기숙사 사무실과 입주자 사이에서 중개자 역할을 하는 게 주요 업무다. 일본은 기숙사 비용이 저렴했지만, 영국의 경우 기숙사 비용만 매달 수백 파운드나 해서 아르바이트만으로 충당하기 어려웠다. 이때 사감 일을 해서 무료로 기숙사를 이용한 것이 큰 도움이 되었다.

통역이나 번역도 빼놓을 수 없는 인기 아르바이트다. 외국 유학생이라면 적어도 한두 번은 이 아르바이트를 해봤을 것이다. 나 역시 일본과 중국에 있을 때 정부 기관에서 온 사람이나 기업체에서 파견된 사람을 위해 통역한 적이 있다. 국제회의라면 잔뜩 긴장했을 텐데, 다행히 내가 했던 아르바이트는 편안하게 통역해도 되는 일이었다. 그 밖에 계약서, 팸플릿, 이력서, 홈페이지 등 다양하게 번역 일을 해봤는데, 출판사에서 일하는 친구의 부탁으로 어린이 동화책을 번역하기도 했다. 분량은 많지 않았지만, 아이들이 이해할 만한 수준의 말로 번역하는 일이 만만치 않았다.

생활비에 가장 보탬이 됐던 아르바이트는 잡지 기사를 쓰는 일이었다. 우연히 소개를 받아 시작했는데, 내가 쓴 기사를 보고 다른 잡지사에서도 연락이 와서 매달 한두 곳에 사진과 함께 글을 기고했다. 칼럼니스트라는 그럴듯한 경력까지 추가해준 '꿀알바'였다. 게다가 원고가 게재된 다음 달에는 어김없이 원고료가 입금되었기 때문에 아주 열심히 썼던 기억이 있다.

일과 공부 사이의 균형 맞추기

아무리 아르바이트를 한다고 해도 한 달에 7만 엔씩이나 하는 방값을 충당하기란 여간 어려운 일이 아니었다. 다리 쭉 뻗고 잘 수 있는 '내 집'이 있다는 게 얼마나 행복한지 새삼 깨달았다. 극심한 방값 스트레스에 시달리면서도 집에 손을 벌릴 생각은 하지 않았다. 그리고 내가 이렇게 어렵게 공부하는 걸 집에서 알면 당장 접고 돌아오라고 할까 봐, 한국에서 연락이 오면 밝은 목소리로 아무 문제 없이 열심히 공부하고 있다고 둘러댔다.

요즘은 정보가 넘쳐나는 시대라 구직 정보는 물론이고, 구직 후 어떻게 해야 그 업종에서 살아남을 수 있는지 쉽게 정보를 구할 수 있다. 그러니 조금만 시간을 투자하면 좋은 성과를 얻을 수 있다. 하지만 지나치게 아르바이트를 많이 해서 돈을 만지게 되면 결국 공부에 소홀해진다. 공부에 필요한 돈을 벌려고 시작한 아르바이트 때문에 공부에 소홀해지고, 그러다보면 학업 성적이 기준이 되는 장학금과는 점점 거리가 멀어지는 악순환이 반복된다.

    유학 생활 중의 아르바이트는 소중한 경험이지만, 공부와 아르바이트 사이에서 균형을 잃지 않는 것이 중요하다. 그럴 때는 자신이 왜 유학을 왔는지 스스로에게 되물어보자. 그 나라에 갈 수만 있으면, 그 학교에 합격만 하면 좋겠다고 간절히 바라던 때의 마음을 떠올리는 것만으로도 도움이 될 것이다.

/ 나가사키 스시집에서 만난 벨라루스 청년 /

나가사키행 비행기표를 끊다

  황홀했던 벚꽃의 계절이 막을 내리고 있었다. 여전히 학생 비자도 나오지 않았고 기숙사 문제도 해결되지 않아 하루하루 전전긍긍하며 지냈다. 그때 동기 하나가 남쪽의 나가사키長崎에서 아프리카 학회가 열린다는 소식을 알려주었다. 일본에서는 어떤 식으로 학술 대회가 진행되는지, 어떤 사람들이 아프리카를 연구하고 있는지 호기심이 일었다. 하지만 경제적으로 몹시 쪼들리고 우울감에 시달리던 때라 도쿄 밖으로 나갈 엄두는 나지 않았다. 그렇게 며칠의 시간이 흘렀는데, 하늘이 도우려는지 잡지사 두 군데에서 일본 문화에 대한 기사 작성을 의뢰받았다. 하나는 나가사키에 관해 쓰면 될 것 같았고, 나머지는 이미 내가 가지고 있는 자료를 바탕으로 해결할 수 있을 것 같았다. 우울감을 떨쳐내려면 우선 몸을 움직여야 했고, 그럴 기회도 생겼으니 마다할 이유가 없었다.

당장 나가사키행 비행기표를 끊었다. 출발하기 전에 정보를 모을 시간이 없어서, 여행사 앞에 꽂힌 팸플릿 중에 규슈九州 혹은 나가사키라고 적힌 것을 무작정 챙겨 공항 리무진 버스에 올랐다. 비행기 안에서 챙겨 온 자료들을 읽으면서 지리적인 위치와 관광지 파악을 마쳤다. 나가사키 공항에서 내리면 역까지 리무진을 타야 하는데, 표를 왕복으로 끊으면 편도로 끊는 것보다 400엔이나 이득이라는 정보도 얻을 수 있었으니 그 시간이 결코 헛되지 않았다.

나가사키역에 도착해서는 잊지 않고 안내센터에 들러 안내인의 도움을 받아 가급적 짧은 동선으로 여행 일정을 짰다. 물론 맛집 정보도 빠트리지 않았다. 이틀은 학회에 참석해야 했기 때문에 나머지 이틀 동안 정신없이 나가사키를 둘러보았다. 그동안 학교와 집만 오갔는데 이런 신선한 공기를 맛보는 게 얼마만인가 싶었다. 우울했던 기분을 날려버리려고 습도가 70퍼센트를 넘어 동남아시아를 방불케 하는 나가사키 시내를 종횡무진 누볐다.

스시집에서의 우연한 만남

첫날 오전에는 비가 쏟아졌는데, 나는 아무렇지 않게 비를 맞으며 돌아다녔다. 숙제하듯 나가사키 구석구석을 훑고 다녔고, 이틀이 지나자 누가 물어도 나가사키에 관해 잘난 척할 수 있을 정도가 되었다. 나가사키 하면 폭신폭신한 카스텔라와 희멀겋지만 국물 맛 하나는 끝내주는 나가사키 짬뽕의 고장, 그리고 지구상의 마지막 원폭 투하지라는 정도만 알고 있었다. 역사가 100년이 넘는다는 분메이도文明堂의 카스텔라는 전국에 지점이 있어서 요즘은 일본 어디에서나 맛볼 수 있다. 하지만 나가사키 현지에 있는 15대에 걸쳐 카스텔라만 만들어온 후쿠사야福砂屋를 가보면 입이 떡 벌어진다.

그러나 이 세 가지가 나가사키의 전부는 아니었다. 그곳에 발을 딛고 나서야 비로소 나가사키가 일본 3대 관광지의 하나로 꼽히는 이유를 알게 되었다. 미야자키 하야오의 애니메이션에 자주 등장하는 국적 불명의 마을은 혹시 나가사키가 배경이 아닐까 하는 생각이 들었다. 풍경은 유럽의 어느 작은 마을 같은데, 사람들은 전부 아시아인의 얼굴을 하고 있는 그런 곳이었다. 선진 문물 중에서도 유럽을 유독 동경하기 때문일까?

마지막 날은 호텔에서 묵지 않고 나가사키 시내에 있는 두 곳의 유스호스텔 중 가톨릭회관에서 묵었다. 돌아가신 교황 요한바오로 2세가 묵었던 곳이라고 했다. 아주 조용하고 정갈했으며, 아침 식사가 공짜로 제공되었다.

일단 짐을 풀고 저녁을 어디에서 먹을까 고민하고 있는데, 데스크의 안내인이 스시집을 추천해줬다. '미노부스시'라는 곳인데 스시 한 접시에 무조건 100엔이라고 해서 당연히 회전초밥집인 줄 알았다. 그런데 막상 가보니 일반 스시집이었다. 스시 이름을 아는 것이 없어 우물쭈물하고 있는데, 외국인 한 명이 다른 빈자리를 두고 굳이 내 옆에 앉더니 스시 이름을 척척 종이에 적어 주문을 넣었다. 슬쩍 훔쳐보니 영어로 썼기에, 나도 두어 개를 그런 식으로 주문했다. 그러나 고작 스시 몇 개로 한 끼를 해결하기에는 너무 허기져 있었다. 내가 계속 헤매는 걸 보더니 그 외국인은 친절하게도 스시에 관해 이것저것 알려주면서 네 접시를 더 주문하도록 도와줬다.

그는 내가 한국에서 왔다고 했더니 아주 반가워했다. 자신이 어느 나라 사람 같은지 맞혀보라고 하기에 가만 살펴보니 유럽풍, 그것도 동유럽풍으로 생겼다. 일단 발트삼국부터 훑어야겠다고 생각했다. "에스토니아, 리투아니아, 라트비아?" 내 대답이 의외였는지 그는 놀라는 눈치였다. 결국 그는 그 옆 나라인 벨라루스에서 왔다고 실토했다.

"아하, 벨라루스." 내가 고개를 끄덕이자 그는 일본에서 자기 나라 이름을 알고 있는 사람을 처음 만났다고 했다. 나도 그 마음을 알 것 같았다. 태극기 문양에 KOREA라고 적힌 모자를 쓰고 있어도, 한국이 어딘지 모르는 나라에 가봤기 때문이다.

대화의 물꼬가 터지던 차에 어느 학교에서 공부하고 있는지 이야기하게 되었다. 히토쓰바시 대학이라고 대답하자 갑자기 자기 친구한테 전화를 걸었다. 잠시 후, 또 한 명의 벨라루스 청년이 도착했다. 그 친구는 원래 히토쓰바시 대학을 전혀 고려하지 않았는데 지금까지 다섯 명에게 그 대학을 추천받아서, 이제 한 번만 더 인연을 만나게 되면 원서를 넣을 생각이었다고 했다.

"어때? 너도 히토쓰바시 대학을 추천하겠어?" "물론이지!"

이런 우연이 다 있나 싶었다. 히토쓰바시는 이런 우연과 마주쳐야만 입학할 수 있는 곳일까.

첫 번째 만난 친구 이이야Iiya는 나가사키 의대에서 공부하고 있었고, 두 번째 만난 친구 파샤Pasha는 일본에서 대학원에 진학하기 위해 그해 4월 일본에 왔다고 했다. 우리는 마치 오래 알고 지낸 친구들처럼 수다를 떨었다. 헤어질 때가 되자 이이야가 파샤를 가리키더니, 이 친구는 한가하니 내일 나가사키 여행을 도와줄 거라고 했다. 그래서 시간 되면 그러자고 가볍게 대답하고 자리에서 일어섰다. 나는 기분 좋게 숙소로 돌아와 교황이 머문 곳도 내가 있는 이 소박한 다다미방 같은 곳일까 생각하며 잠이 들었다.

계속 이어지는 소중한 인연

나가사키 평화공원 구역을 둘러보고 점심은 나가사키역 주변에서 먹을 생각으로 가톨릭회관에서 체크아웃을 하고 있는데, 전화가 울리다 끊어졌다. 확인해보니 같은 전화번호가 여러 번 찍혀 있었다. 파샤였다. 학교가 지금 끝났는데, 괜찮으면 나가사키 시내를 안내해주고 싶다고 했다. 내가 계획한 일정은 거의 끝났다고 했더니 자전거로 금방 올 수 있다고 했다. 덕분에 파샤의 안내를 받으며 현지인만 아는 나가사키의 구석구석까지 여행할 수 있었다.

그날 날씨는 유난히 더웠다. 나는 "미친 날씨(Crazy weather)"를, 파샤는 "빌어먹을 날씨(Stupid weather)"를 외치며 같이 시내 여기저기를 돌아다녔다. 첫날 비가 와서 안개에 묻혀 볼 수 없었던 바다를 마지막 행선지로 잡았다. 바다로 향하면서 파샤는 작은 나라 국민의 애환, 외국인 유학생의 설움, 전혀 다른 환경에서 살게 된 이방인의 비애를 토로했다. 앞으로 국제관계를 공부하려는 파샤는 벨라루스란 나라를 아는 데다 국제개발을 전공하는 친구를 만나 무척이나 반가웠단다. 본의 아니게 시간을 뺏은 것 같아 미안하다고 했더니, 누군가에게 나가사키를 안내할 일은 이전에도 없었고 앞으로도 없을 테니 자신에게는 좋은 추억이라고 했다. 헤어지면서 파샤에게 진심을 담아 말했다. "히토쓰바시 대학에 꼭 입학할 수 있기를 바라."
　파샤는 이듬해 4월 히토쓰바시 대학에 무사히 합격했고, 내가 사는 기숙사 1층에 입주해 우린 서로 이웃이 되었다.

/ **가고 말 테야, 츠쿠미!** /

지역개발 인턴십 프로그램

학기 중에 학교 연구과 앞에서 일본 국토교통성이 후원하는 지역개발 인턴십 프로그램 팸플릿을 발견했다. 처음엔 지역개발이라는 글자만 보고 덥석 집어들었는데, 프로그램이 꽤 재미있어 보였다. 도쿄나 오사카 등 대도시의 대학생 중에서도 고향이 대도시인 사람들을 대상으로 하는데, 무엇보다 해당 지역에서 지원자를 심사하여 선발하는 프로그램이었다. 학생들을 받겠다고 한 지방자치단체는 25개 정도 되는 산촌, 어촌, 농촌 지역이었다.

여름 방학인 7~9월에 진행될 예정인데, 기간이 짧은 곳은 일주일, 긴 곳은 두 달 정도였다. 숙식은 해당 지역에서 제공하며, 학생들이 기간 내에 완수해야 할 과제는 지역별로 달랐다. 지역 특산물 홍보 영상을 제작해야 하는 곳도 있었고, 말이나 소를 돌봐야 하는 곳도 있었으며, 여름에 열리는 대표적인 여름 행사인

봉오도리_{盆踊り} 준비를 도와야 하는 곳도 있었다.

다음 학기에 공부를 계속할 수 있을지도 불확실한 내 처지를 생각하니 신청하는 게 과연 의미가 있을까 싶었다. 게다가 외국인인 나를 그곳에서 받아줄지도 확신이 서지 않았다. 지도교수 추천서를 받을 자신도 없었다. 여름 방학이면 학생 비자도 나올 테니 차라리 그 시간에 아르바이트를 해서 한 푼이라도 더 벌어야 하지 않겠냐고 충고할 것만 같았다.

그냥 부딪혀보자!

일단 어떤 지역에서 학생을 모집하는지 모집 요강을 죽 훑어봤다. 각 지역의 인구 규모, 해야 할 일 등을 꼼꼼하게 읽었다. 신청은 최대 세 곳까지 할 수 있었고, 비용은 일본 국토교통성과 지방자치단체가 부담했다. 자세히 알아볼수록 가고 싶은 마음이 더 커졌다. 도쿄에서 아르바이트를 해도 생활비는 들어갈 테니, 차라리 시골에서 한 달간 돈 들이지 않고 좋은 경험을 하는 편이 나을 듯했다.

결국 마감 일주일을 남겨놓고 지원했다. 이상하게 츠쿠미_{津久見}가 끌렸다. 츠쿠미는 일본 남단 규슈 동쪽의 오이타현_{大分県}에 있는 아주 작은 도시다. 한국인들이 온천을 즐기러 많이 찾는 벳

푸別府에서 기차로 한 시간이면 도착할 수 있다. 이 작은 도시에 야구장이 있는데, 두산 베어스가 겨울이면 전지훈련을 한다고 한다. 남쪽 지방이라 겨울에도 날씨가 따뜻하고 눈이 내리지 않기 때문이다.

공식적인 신청서 접수 전에 내가 꼭 가야 하는 이유, 그 지역에 기여할 수 있는 분야를 적어 담당자에게 메일을 보냈는데 바로 연락이 왔다. 가리는 음식이 있느냐고 묻는 내용도 있었다. '아, 이 동네에서 나를 원하는구나' 하는 확신이 들었다.

바로 신청서 작성에 착수했다. 희망 지역을 쓰는 세 개의 칸에 모두 츠쿠미를 적었다. 그리고 지도교수님께 추천서를 부탁했더니, 걱정과는 달리 어떻게 이런 정보를 발견했느냐며 꼭 가게 되었으면 좋겠다고 응원해주셨다. 결과 발표는 6월이었는데, 츠쿠미에서는 발표가 나기 전부터 기차표 끊는 시기, 현지에 가져오면 요긴할 품목 등을 메일로 보내줬다.

발표 결과, 총 50명의 대학생이 선발되었고 그중에는 나도 있었다. 국토교통성에서 주최한 기념 파티에 츠쿠미 시청에서 두 명의 직원이 왔다. 굳이 올 이유는 없었지만 내가 어떤 사람인지 궁금해서 왔다고 했다. 처음 내 메일을 받고 시청에서 회의를 열었는데, 어지간히 쓸 만한 인재 같으니 일단 받자고 결론을 내렸단다. 한 달간 홈스테이를 할 곳은 세키關 씨네 집이었다. 세키 씨는 처음 메일을 받았을 때 내가 묻는 내용이 너무 구체적이라 까다로운 사람일지도 모른다고 생각했는데, 직접 만나보니 마음이 놓인다고 했다. 신장이 얼마냐고 물어보기에 이유를 궁금해했더니, 축제 때 입을 유니폼과 유카타(여름철에 입는 일본 전통 의상) 때문이라고 했다. 세키 씨는 가족들이 굉장히 즐거워할 것 같다는 말을 남기고 츠쿠미로 돌아갔다.

샤워는 물 한 바가지로

그해 여름 나는 츠쿠미로 떠났다. 세키 씨 부부는 나를 여동생처럼 대해주었다. 부인인 토미코とみこ 씨는 음식 솜씨가 좋은 데다 실험 정신까지 투철해서, 같은 반찬을 두 번 내는 법이 없었다. 가끔씩 싸주는 도시락은 먹기가 아까울 정도였다. 토미코 씨의 도시락에 하도 감동했더니, 츠쿠미를 떠나던 날에 일본 전통 도시락 세트를 보자기에 싸서 선물로 주었다. 밥맛이 없을 때 도시락을 보며 츠쿠미에서 보낸 시간을 떠올리라고 했다.

츠쿠미는 오이타현 내에서 두 번째로 큰 도시로, 호토지마保戶島와 무쿠지마無垢島라는 두 개의 섬을 거느리고 있는 반도이며, 일본 내 생산량 1위를 자랑하는 석회석 광산을 보유하고 있다. 석회석 채굴 외에도 시멘트 산업, 밀감 농업, 참치로 대표되는 어업이 이루어지는 곳이었다. 그러나 내가 방문할 당시에는 손이 많이 가는 밀감 농사를 짓는 대신 광산 회사에서 일하는 사람들이 많아졌고, 원양어선을 타는 사람들이 줄어들면서 츠쿠미 대표 브랜드로 한몫했던 참치의 입지가 점점 좁아지고 있었다.

츠쿠미에 있는 무쿠지마는 아주 특이한 섬이었다. 이곳은 바닷물 말고는 물이 없기 때문에 빗물을 받아 쓰거나 식수는 전부 시내에서 배로 실어다 마셨다. 이 섬에 머물려면 물 한 바가지로 샤워를 마치는 노하우를 체득하지 않으면 안 되었다. 이곳에서 태어나 섬을 떠나본 적이 없는 주민에게 불편하지 않느냐고 물어봤더니, 살면 살게 된다는 간단한 대답이 돌아왔다.

섬사람들은 다 가족같이 지내서 아무 집에나 들어가 화장실을 사용할 수 있었다. 해수욕을 즐긴 후에 문이 열린 집에 들어가 샤워를 해도 된다는 이야기를 듣고 깜짝 놀랐다. 물이 귀한 곳이기 때문에 화장실이든 샤워실이든 물을 함부로 사용하기가 미안했다. 그래서 나도 떠나올 때쯤에는 물 한 바가지로 세수에 양치질까지 끝낼 수 있게 됐다.

섬을 떠나는 사람들이 많아지면서 이곳 중학교에는 학생이 달랑 세 명뿐이었다. 그런데 놀랍게도 이 세 명을 가르치기 위해 열 명의 교사가 근무하고 있었다. 초등학교는 교사 한 사람이 모든 과목을 가르칠 수 있지만, 중학교부터는 과목이 많아지고 내용도 심화되어 교사 혼자서는 무리라고 했다. 집과 학교의 경계가 뚜렷하지 않아서, 학생과 교사가 한 가족처럼 지내는 모습이 인상적이었다.

비교할 수 없는 값진 경험

츠쿠미 하면 밀감과 참치로 유명했는데, 이것도 옛말이 되면서 자랑할 만한 음식이 이제는 별로 없다고 현지인들은 말했다. 그래도 시내 어느 식당에서든 일본 특유의 정갈한 밥상을 만날 수 있었다. 마구로(참치) 스테이크, 츠쿠미 아이스(밀감 셰이크), 가보스(라임과 비슷한 신맛 나는 일본 과일)로 만든 소프트 아이스크림이 기억에 남는다. 한 식당에서 새로 개발한 '마구로 짬뽕'을 먹어봤는데, 나가사키에서 먹었던 나가사키 짬뽕보다 국물 맛이 담백하면서도 깊었다. 츠쿠미는 찾는 사람이 많지 않아 해변도 깨끗하고 바닷물이 아주 맑았다. 츠쿠미 사람들은 츠쿠미의 바다가 가장 아름다운 계절은 가을이라고 했다.

그리 길지 않은 시간이었지만 시에서는 내가 관심을 가지는 내용을 일정에 모두 반영해주었고, 덕분에 축제 준비로 간단하게 끝날 인턴십이 츠쿠미 관광 개발 프로젝트로 판이 커졌다. 이를 위해 오이타현 내의 지역개발 성공 사례 지역, 지역개발 담당 직원, 1인 기업농장주, 일촌일품운동一村一品運動 관련 인사 등도 모두 만날 수 있다. 츠쿠미에 머무는 내내 시청 직원들이 나를 그저 학생이 아닌 전문가로 대접해준 덕분에 연구에 필요한 자료도 많이 수집할 수 있었고, 지역개발에 몸담고 있는 사람들의 생생한 목소리도 들을 수 있었다. 만약 그해 여름 도쿄의 편의점에서 아르바이트만 하고 있었더라면 결코 얻을 수 없는 귀한 경험이었다.

츠쿠미와의 인연은 그해 여름으로 끝나지 않았다. 시청 직원 중에 밀감 농사짓는 사람이 여럿 있었는데, 밀감 수확철이 되면 세키 씨네 부부가 그 밀감을 모아 기숙사로 보내주었다. 색깔도 이름도 다른 밀감을 한 해에 대여섯 번 수확한다고 하는데, 세키 씨는 그때마다 내게 밀감을 보내주었다. 유학생들과 같이 나눠 먹으라면서 큰 박스에 넉넉히 보내준 덕분에, 친한 친구들까지 츠쿠미표 밀감을 맛보는 즐거움을 누릴 수 있었다.

/ 입학금과 수업료 최후 통첩 /

대쪽 같은 교수님

일본에서 지도교수였던 고다마야 선생은 아프리카 전문 학자다. 일본을 대표하는 싱크탱크인 아시아경제연구소IDE에서 오랜 기간 연구하다가 교수가 된 분이다. 선생은 학생밖에 모르는 현대판 선비였다. 학생들을 대하는 데에도 존중하는 태도가 몸에 배어 있었고, 상담하러 들어가면 내가 여학생임을 배려해 방문을 조금 열어두었다. 학생들한테 선물은 일절 받지 않는다고 익히 들었지만, 고마운 마음에 작은 선물을 건넸다가 호되게 혼났다. 이런 걸 살 돈이 있으면 차라리 학비에 보태라고 했는데, 나도 고집을 부리며 이왕 가져온 것이니 두고 가겠다고 했다. 선생은 도로 가져가지 않으면 세미나 수업 시간에 학생들에게 나눠주겠다고 강경하게 말씀하셔서, 결국 선물을 다시 들고 나올 수밖에 없었다. 국립대 교수는 학생한테 선물 같은 것을 절대 받지 않으니 신경 쓰지 말고 공부나 열심히 하라고 신신당부했다. 정말 지조 있는 분이셨다.

고다마야 선생은 입학하자마자 내가 경제적으로 어렵다는 것을 알고 국비장학생으로 추천해주려고 했는데, 나이가 많아 자격 조건이 되지 않는다는 사실에 몹시 안타까워했다. 게다가 내가 학생 비자가 없어서 아르바이트도 못 하고 장학금 신청도 못 한다는 소식을 듣고는 당신이 오히려 미안해했다.

입학금보다 큰 마음

츠쿠미에서 꿈같은 시간을 보내고 도쿄로 돌아왔다. 가을이면 학교 기숙사에 입주할 수 있었고 원하던 장학금도 받게 되었지만, 당장 궁핍한 생활은 나아지지 않았다. 9월 말까지는 비싼 게스트하우스 비용을 내야 했고, 여전히 끼니를 걱정해야 했다. 기숙사에 입주하고 장학금만 받을 수 있으면 정말 열심히 공부만 하겠다고 굳게 마음먹었는데, 상황은 내 마음대로 돌아가지 않았다. 왜 그리 힘들게 사느냐고 말리는 사람도 있었지만, 공부를 시작해보니 공부가 적성에 맞고 재미있어서 그만두고 싶지 않았다. 하지만 더 이상은 못 버틸 것 같아서 별다른 목적도 없이 한국행 비행기표를 끊었다. 그 돈이면 일본에서 보름은 더 버틸 수 있었지만 마음이 너무 지치다보니 일을 저지른 것이다.

3박 4일 일정이었는데, 상황을 보고 한국에 아예 눌러앉을 생각도 했었다. 그런데 막상 한국으로 돌아갔더니, 혹시 무슨 일이 있나 싶어서 가족과 친구들이 걱정하는 게 몹시 신경이 쓰였다. 그래서 바람 좀 쐬러 잠깐 들어왔다고 하고는 예정된 날 아무 일도 없었던 듯이 다시 일본으로 돌아왔다. 공부를 포기할 용기보다 공부를 계속하고 싶다는 욕구가 아무래도 더 컸던 모양이다.

입학금과 수업료 마감일인 10월 31일이 다가왔다. 히토쓰바시 대학은 입학금과 수업료를 좀 늦게 내도 된다는 소문을 듣고 버텼는데, 연구과에서 더 이상 기다려줄 수 없다고 최후 통첩을 보내왔다. 한국 갔을 때 부모님께 받은 용돈과 수중에 있는 동전까지 탈탈 털어 수업료 일부를 냈다. 단 얼마라도 내야 새 학기 수업료 면제 대상 심사를 받을 수 있었기 때문이다.

그런데 먼저 연락하는 법이 없던 고다마야 선생이 갑자기 상담을 하고 싶으니 연구실로 오라는 메일을 보냈다. 방으로 찾아간 내게 선생이 입학금 이야기를 꺼내기에, 방법이 없으니 학교를 그만두는 편이 낫겠다며 배시시 웃었다. 나중에 돈 벌어서 다시 오든지 다른 일을 해야 할 것 같다고 하니, 선생은 지금까지 이수한 학점이 아깝지 않냐며 안타까워하셨다. 나는 그저 바닥만 쳐다보고 있었다. 선생은 나더러 내일 다시 연구실에 들르라고 하셨다. 막상 일본을 떠나야 한다고 생각하니 머리가 복잡해졌지만, 일단 다음 날 다시 선생을 만나러 갔다.

"윤 상, 우선 이걸로 입학금을 내고 그다음을 생각합시다." 선생이 내 손에 쥐어준 것은 잔돈까지 딱 맞춘 입학금 전액이었다. 그리고 얼떨떨해서 아무 말도 못 하는 내게 거듭 신신당부했다. "돈 잃어버리지 않게 가방에 잘 넣어요." 나는 그 앞에서 바보처럼 웃을 수밖에 없었다.

입학금 영수증을 들고 선생을 다시 찾아갔다. 입학금은 덕분에 잘 냈다고 감사를 표하고 돈을 어떻게 갚아야 할지 조심스럽게 여쭸더니, 통장으로 입금하면 수수료가 드니까 매달 말일에 직접 1만 엔씩 갚으라고 하셨다. 정말 이상하게도 전혀 부끄럽지 않았다. 당연히 받아야 할 돈을 받은 기분이었다. '이 교수님과의 만남도 분명 인연일 테지' 싶은 생각이 들었다. 그래서 알았다고 대답하고는 아무렇지 않게 그 자리를 떠났다. 선생도 나도 이제까지 없던 일이었다.

나는 매달 정해진 날짜에 1만 엔을 봉투에 담아 갔고, 선생은 돈을 잘 받았다며 사인해주셨다. 그해 연말에 생각지도 않게 학교 동문회 장학금을 받아서 선생께 진 빚을 예상보다 빨리 갚을 수 있었다.

병상에서도 제자 걱정

내가 한참 석사 논문을 쓸 때 고다마야 선생은 지병 탓에 병원에 입원해 계셨는데, 당시 논문을 지도하는 학생이 나 하나뿐이었다. 그래서 일주일에 한 번씩 논문 때문에 병원에 들렀다. 꽃이나 음료수를 들고 가면 안 받으실 게 뻔하니 빈손으로 논문만 가지고 갔다. 선생은 당신의 몸 걱정보다 논문으로 속 끓이는 나를 위로하며, 너무 욕심부리지 말고 힘들어도 포기하지 말라고 다독였다.

이왕 일본에서 학위 과정을 밟으니 일본어로 논문을 쓰겠다고 고집을 부렸는데, 선생이 누구나 읽을 수 있도록 영어로 쓰라고 권해서 석사 논문 쓰는 일이 배는 힘들었다. 선생이 일본어로 설명한 부분을 다시 영어로 정리해 논문에 반영하려니, 몇 번이나 그만두고 싶을 만큼 어려웠다.

논문을 제출하던 날, 그동안 수고 많이 하셨다고 감사한 마음을 듬뿍 담아 선생께 메시지를 보냈다. 선생은 아무 생각 말고 오늘은 푹 쉬라고 답장을 보내주셨다. 내가 학업을 포기할까 봐 사재를 털어 공부할 수 있게 해준 선생이 갑자기 다른 나라로 유학을 가라고 했을 때는 조금 서운했다. 그러나 영어로 논문을 쓰라고 한 것이나, 영어권 나라로 유학을 가라고 권한 것 모두 나에 대한 각별한 관심과 애정 때문이 아니었나 싶다. 영국의 좋은 연구 환경에서 편하게 공부할 수 있게 된 것은 모두 고다마야 선생 덕분이었다. 영국에 도착해 지도교수와 상담하던 첫날, 이런 말을 들었다. "일본의 지도교수가 굉장히 인상 깊은 추천서를 보내 너에 대한 기대가 아주 크다." 정확히 어떤 내용의 추천서인지는 모르겠지만, 내가 선생의 기대에 부응해야겠다는 생각을 했다.

국립대 교수는 학생한테 선물 같은 걸 받으면 안 된다며 처음부터 선을 긋는 바람에 영국으로 떠나올 때까지 고다마야 선생께 제대로 된 선물 하나 못 드린 게 마음에 걸린다. 영국에서 공부할 때도 한 달에 한두 번씩 선생과 메일을 주고받았는데, 변함없이 내 연구에 깊은 관심을 보이며 응원을 아끼지 않으셨다.

/ 일본에서 만난 엄마 /

나의 요정, 기노시타 씨

히토쓰바시 대학 유학생과에서는 유학생을 대상으로 '마더 구스Mother Goose'라는 현지인과의 가족 결연 서비스를 제공한다. 유학생이 이 서비스를 신청하면 학교가 위치해 있는 구니다치国立 지역의 국제교류회 회원들과 유학생을 연결해주고, 인연을 맺게 된 일본인들은 학생이 유학 생활을 하는 동안 다양한 형태로 도움을 준다. 유학 생활이 끝난 후에도 계속 연락을 주고받으며 좋은 관계를 유지하는 경우도 있다.

유학생들은 회원의 가족과 함께 여행을 가거나 일본어가 부족하면 일대일 개인 과외를 받기도 하며 취미 활동을 함께 하기도 한다. 물론 호스트 패밀리에게 돈을 빌린다거나 보증 또는 구직을 의뢰하는 것은 금물이다. 금지 조항에 이런 내용이 있는 걸 보면 간혹 그런 사람들도 있었던 모양이다. 국제교류회에서는 계절마다 독특한 이벤트를 여는데, 회원과 유학생들이 대부분

참석하기 때문에 자연스럽게 국제적인 파티가 된다.

나도 일본에 가자마자 마더 구스를 신청해서 기노시타 사츠키木下五月 씨를 만났다. 마음이 참 따뜻하고, 가끔은 소녀 같은 마음 씀씀이로 주변 사람들을 감동시키는 분이었다. 내가 기노시타 씨를 만날 당시 이미 자원봉사를 20년 넘게 하셨다니, 그동안 그분을 거쳐간 학생들이 모두 모이면 엄청날 것이다. 기노시타 씨는 다른 유학생들도 함께 돌보고 있었는데, 그중에는 남태평양의 피지와 중동의 바레인, 중앙아시아의 우즈베키스탄에서 온 학생도 있었다. 다 같이 여행도 가고 공연도 보고 식사할 기회가 많았다. 기노시타 씨는 누군가에게 소개할 때 스스로 '오카아상(엄마)'이라고 했기 때문에 유학생들은 자연스럽게 '형제'가 되었다. 그러나 우리는 오카아상 대신 기노시타 상으로 불렀다.

내가 바쁜 탓에 자주 만나지 못해 기노시타 씨에게 마음을 열기까지는 시간이 꽤 걸렸던 것 같다. 기노시타 씨가 한국 문화에 관심이 많다고 해서 한국어를 가르쳐주기로 했는데, 첫 수업 하는 날 기노시타 씨가 봉투에 돈을 넣어 가지고 오셨다. 친목도모라고 생각했는데 돈 봉투를 보니, 이분과의 만남이 부담스럽게 느껴졌다. 한 푼이 아쉬운 입장이었지만 돈이 오가는 사이가 되고 싶지는 않았다. 지금 생각해도 그때 그 봉투를 받았다면 관계가 길어지긴 힘들었을 듯싶다.

돈 봉투를 거절하자 기노시타 씨는 물량 공세로 방향을 전환했다. 대개 음식이나 작은 기념품이었는데, 도저히 거절할 수 없는 이유들을 대는 통에 뿌리칠 수가 없었다. 한국어 수업은 그리 오래가지 못했다. 기노시타 씨는 앞서 3년 정도 취미로 한국어를 공부했다는데, 사실 공부를 할 만한 목표나 동기가 없었다. 내가 만난 다른 일본인 학생들은 한국어를 공부하는 목표가 분명했다. 한국 노래를 피아노 치면서 혼자 부르면 좋겠다든가, 원빈 홈페이지에 자유롭게 글을 올릴 수 있으면 좋겠다든가, 한국에 혼자 여행 갈 수 있으면 좋겠다는 식의 목표가 있는데, 기노시타 씨는 그렇지 않았다. 한국 문화에 관심이 있을 뿐이라서 연습도 열심히 안 했고, 나와 일본어로 이야기하는 걸 더 재미있어 하더니 결국엔 한국어 수업을 그만두었다.

대신 그 뒤부터는 아무 때나 만나서 맛있는 음식을 먹으며 서로 살아가는 이야기를 나누게 되었다. 공연도 같이 보러 다녔고, 기노시타 씨 집에 가서 한국 음식도 해 먹었다. 수업이라는 목적이 사라지자 우리는 비로소 친해질 수 있었다.

이젠 오카아상이라 부를게요

석사 논문을 제출하던 날, 정확히 오후 2시 59분에 기노시타 씨로부터 전화가 왔다. "논문 잘 냈어요? 박사 과정 지원 원서도 잘 냈고요?"

서류 마감이 오후 3시인 걸 알고, 일부러 그때 전화를 준 것이었다. 무사히 잘 냈다는 내 대답에 기노시타 씨의 목소리가 한층 밝아졌다. "아주 잘됐네요. 이런 날은 무조건 다 같이 저녁을 먹어야지요."

그렇게 해서 다른 유학생들과 함께 오랜만에 모였다. 그날 기노시타 씨는 나보다 기분이 더 좋아 보였다. 기노시타 씨와 함께 논문 제출 기념사진도 찍었다.

영국으로 적을 옮기면서 나한테 오는 우편물은 기노시타 씨 댁으로 받게 해놓았는데, 중요한 것이다 싶으면 전부 영국으로 보내주었다. 한글을 읽을 줄 알기 때문에 한국의 공공기관에서 온 우편물은 카드 한 장만 들어 있더라도 무조건 국제특급으로 보내주었다. 또 내가 먹고 싶을까 봐 한국 라면이나 요리에 필요한 양념도 보내주고, 겉옷은 물론 속옷까지 챙겨 보내기도 했다. 유학 생활이 길어지면서 가족이나 친구들마저 내 생일에 무신경해졌는데, 기노시타 씨는 여전히 특별한 날마다 연락을 주곤 한다. 그녀의 애틋한 마음에 우리 엄마까지 질투할 정도다. 물론 마음을 받은 사람한테는 정말 잘해야 하는 법이라며, 기노시타 씨에게 항상 따뜻하게 잘 대해드리라는 당부도 덧붙이지만.

종교는 없지만, 아는 사람 하나 없던 도쿄에서 기노시타 씨 같은 좋은 사람을 만나게 해준 신께 늘 감사드린다. 솔직히 일본에서 공부하면서 '신은 내 편'이라고 생각할 때가 많았다. 내가 일본에서 무사히 학위를 마친 데는 고다마야 선생의 도움만큼이나 기노시타 씨의 힘이 컸다. 그래서 기노시타 씨에게는 늘 고마운 마음뿐이다. 2007년 5월에 처음 만나 일본을 떠날 때까지 물심양면으로 도와준 그분 덕분에 일본 문화도 많이 알게 되었고, 일본에 대해 좋은 이미지를 가지게 되었다.

영국으로 떠나기 전 단둘이 여행을 다녀왔는데, 그날 기노시타 씨는 엄마이면서 친구 같았다. 대학원 졸업식이나 결혼식 때도 갈 테니, 언제 어디서나 건강하게 열심히 공부하라고 말했다. 난 이제 그녀를 '오카아상'이라 부른다. 더 나이가 들어 나에게도 여유가 생기면 기노시타 씨처럼 자원봉사를 할 생각이다. 내가 살고 있는 곳에서 공부하는 유학생에게 기노시타 씨처럼 따뜻한 친구가 되어주고 싶다.

기대치 않았던 특혜

석사 과정이 끝날 때쯤 기숙사에서 신규 입주자를 모집했다. 박사 과정을 같은 학교에서 시작할 예정이라 기숙사에서 계속 살고 싶었지만, 2년이 지나면 예외 없이 퇴실해야 한다는 규정이 있었다. 기숙사에서 1년 반을 살았기 때문에 엄밀히 따지면 6개월은 더 살 수 있었지만, 6개월이 지나면 어차피 이사해야 하는 상황이었다. 구미코 씨에게 지나가는 말로 신세 한탄을 했더니, 그래도 일단 신청서를 내보는 게 어떻겠느냐고 했다. 신청서를 내지 않으면 아예 자격도 없다면서, 결과는 누구도 모르는 일이니 일단 신청서를 내라는 것이었다. 그래서 체류 희망 기간을 2년이 아니라 박사 최단 기간인 3년으로 적었다. 그리고 입주자 발표하는 날을 초조하게 기다렸다.

학수고대하던 발표 날이 되었다. 안 되면 어쩌나 싶어 잔뜩 마음을 졸이며 유학생과에서 확인했더니, 3년간 더 살 수 있는 것은 물론이고 지금 살던 방에서 이사할 필요도 없었다. 이런 횡재가 있나 싶었다. 석사 과정은 시작부터 엉망이었는데 박사 과정은 예감이 좋았다.

유학생과의 과장이 기뻐하는 나에게 이 모든 게 구미코 씨 덕분이라고 했다. 구미코 씨가 기숙사 입주와 관련해 유학생과에 따로 연락해두었던 것이다. 이 학생은 기숙사에 꼭 필요한 사람이니 가능하면 입주하게 해달라고 부탁한 모양이었다. 게다가 고다마야 선생이 이 학생은 경제적 형편도 어렵고 나이가 많아 장학금 타는 것도 쉽지 않으니, 저렴한 기숙사에서 살면서 공부에 집중할 수 있도록 배려해달라고 따로 편지를 보냈다고 했다. 음으로 양으로 도와주는 분들 덕에 내 미래가 한층 밝아질 것 같은 예감이 들었다.

누구나 기숙사에 들어오고 싶어 하는데, 내가 특혜를 입은 셈이었다. 어떻게 고마움을 전해야 할지 몰라서 제과점에서 작은 케이크를 샀다. 사무실에 직접 들고 가면 직원들이 많아서 안 받을 게 분명했다. 구미코 씨는 수시로 기숙사 여기저기를 점검하러 돌아다녔으니, 그때를 기다렸다. 밤늦게 복도에서 구미코 씨를 만나 케이크를 건넸다. "고맙습니다, 구미코 상. 더 열심히 공부하겠습니다." 구미코 씨는 몇 번을 거절하다 케이크를 받아들었다.

얼마 후, 박사 과정을 일본이 아닌 영국에서 밟기로 결정하여 갑자기 기숙사를 떠나게 되면서 구미코 씨가 괜한 수고를 한 건 아닌가 미안했지만, 그녀는 마치 자기가 영국으로 유학 가는 것처럼 축하해주었다.

'우리'가 있으니 걱정하지 마

영국 학교에서 비자 서류를 늦게 보내주는 바람에 일본에서의 일정에 차질이 생겼다. 영국의 학기가 시작되기 전에 일본 학교에 자퇴서를 내야 했는데, 자퇴서를 제출하면 더 이상 히토쓰바시 대학의 학생이 아니기 때문에 규정상 기숙사에 머물 수가 없었다. 영국에서 비자가 나올 때까지 지낼 곳이 필요했는데, 지푸라기라도 잡는 심정으로 어떻게 하면 좋겠느냐고 구미코 씨에게 상의했다.

구미코 씨는 사정은 딱한데 어떻게 도와줘야 할지 모르겠다며 난감해하다가, 아직 청소가 안 된 방이 있는데 그곳에서라도 지내겠느냐고 물었다. 유학생과에서도 비자가 나올 때까지 기숙사에 머물 수 있게 해주겠으니 구미코 씨와 상의하라고 했다. 일단 짐을 빼서 구미코 씨가 안내해준 빈방으로 옮겼다. 구미코 씨는 옮긴 방에서는 인터넷을 사용할 수 없으니, 원래 내 방 열쇠는 그대로 가지고 있으면서 필요할 때마다 사용하라고 했다. 혹시 비자가 나와서 갑자기 떠나야 하면 열쇠는 수위실에 맡기고 가라는 배려도 잊지 않았다.

새로 이사한 방에서 하룻밤을 보내고, 바로 다음 날 일본을 떠났다. 짐을 다시 꾸리면서 기숙사에 오던 날부터 떠나는 날까지 이런저런 편의를 봐준 구미코 씨에게 정말 고마웠다. 제대로 감사하다는 인사도 못 하고 헤어져 아쉬웠는데, 지금까지 이메일로 연락이 닿아 다행이다.

구미코 씨는 이 세상 어딘가에서 내가 열심히 살고 있다는 것을 '우리'가 아니까, 어디서든 건강하게 하고 싶은 일을 잘할 수 있도록 응원한다는 메시지를 늘 잊지 않는다. 영국에서 기숙사 사감 일을 하면서 구미코 씨 생각이 많이 났다. 나도 누군가에게 구미코 씨 같은 사람이 될 수 있기를 바라며 일했다.

5장.

자네, 영국에서 공부해보지 않겠나?

/ 세 번째 유학의 목적지, 영국 /

또 어딜 떠나란 거야?

　내게 영국은 '태양이 지지 않는 나라'가 아니라 '태양이 자주 뜨지 않는 나라'였다. 대학 시절 배낭여행 중 방문했던 영국은 하늘이 낮고 어두운 날이 며칠씩 계속되었으며, 한여름인데도 내가 가진 옷으로 견디기에는 너무 추웠다. 딱히 나에게만 불친절한 것은 아니었을 테지만, 그 당시 내 귀에 들리던 영국인들의 툭툭 던지듯 차갑고 무뚝뚝한 발음은 이방인을 외롭게 만들었던 것 같다. 버스터미널 화장실도 돈을 내고 이용하려니, 한국인의 정서로는 정말 야박한 나라다 싶었고, 영국 음식의 악명도 체험할 수 있었다.
　그런데 일본에서 박사 과정을 시작한 지 얼마 안 되어 고다마야 선생을 비롯한 일본의 지인들이 내 연구 주제는 영어권 국가에서 공부를 하면 좋을 것 같다고 자주 이야기했다. 연구 주제가 일본보다는 영미권에서 호응을 얻을 수 있을 것 같고, 졸업

후 전망도 영미권이 나을 거라는 이유였다. 개인적으로는 또 다른 나라로 유학을 떠날 생각이 없어서, 처음에는 그냥 흘려듣고 말았다. 저렴한 학교 기숙사에서 박사 과정 3년을 마칠 수 있게 된 데다가, 장학금 덕에 앞으로 1년간은 학비 걱정도 없는 상태였다. 물론 다음 해 장학금을 부지런히 찾아야 했고, 매 학기 수업료와 해외 학회 발표 참석시 필요한 비용이나 장기 해외 조사비를 해결하는 문제가 남아 있긴 했다. 그래도 당장 먹고살 문제가 해결되었으니 나머지는 차차 해결하면 되는 일이었다.

그런데 지도교수의 성화가 4월, 5월이 지나고 6월이 되었는데도 잦아들 줄 몰랐다. 만날 때마다 학교는 알아보고 있냐고 묻는 통에 더 이상 모른 척할 수가 없었다. 일단 알아나보자는 심정으로 뉴질랜드에 있는 학교 한 군데와 영국의 학교 몇 군데에 이메일을 보냈다.

뉴질랜드의 학교에서는 그날로 연락이 왔다. 학비며 생활비, 현지 조사비 등을 전부 제공하겠으니 빨리 입학 서류를 접수하라고 했다. 영국의 학교에서도 생각보다 반응이 좋았다. 그러나 뉴질랜드 학교와는 달리 일부 비용만 제공하는 경우가 대부분이었다. 물가도 비싼 영국에서 박사 과정 내내 학비며 생활비를 감당하기가 쉽지 않을 터였다. 일본에서의 악몽 같았던 첫해를 다시 경험하고 싶지는 않았다. 돈 걱정 없이 공부에만 매진할 수 있는 뉴질랜드로 당장 가고 싶었다. 이미 마음은 뉴질랜드로 기울어서 생활 정보까지 찾기 시작했고, 한국의 친구들에게 뉴질랜드로 갈지도 모르니 놀러 오라고 하기도 했다.

성급한 내 마음을 어느새 알았는지 고다마야 선생은 추천서는 얼마든지 써줄 테니 영국에 있는 학교도 알아보고 차근차근 생각해보자고 했다. 그리고 졸업 후 전망을 생각하면 뉴질랜드보다는 영국이 나을 거란 조언도 잊지 않았다.

영국으로부터 날아온 반가운 제안

결국 학교를 다시 찾기 시작했다. 이메일을 보낸 영국 학교 중에 한 교수가 적극적으로 내게 연락을 줬다. 보통은 학생 측에서 학교에 어필하기 마련인데, 나는 그 반대였다. 두 번째 메일에서 장학금 이야기가 오갔고, 다른 곳을 선택하지 않았으면 좋겠다는 메일을 받았다. 그러더니 이미 그곳으로 진학하기로 결정된 것처럼 학위 과정을 안내하는 메일들이 도착했다. 바로 영국 서남부에 위치한 엑서터 대학University of Exeter이었다.

영국의 입학 오퍼에는 조건부 오퍼Conditional Offer*와 무조건부

---

* 조건부 오퍼를 받은 경우에는 학기가 시작되기 전에 필수적으로 영어 코스를 수강해야 한다. 보통 대학마다 7~8월에 짧게는 4주에서 길게는 10주 정도로 영어 코스를 마련하고 있는데, 여기서 해당 학과가 요구하는 점수 이상의 성적을 받아야 무조건부 오퍼를 받을 수 있다.

오퍼Unconditional Offer가 있는데, 대학이 제시하는 조건에 하나라도 부합하지 않으면 합격하더라도 무조건부 오퍼가 나오지 않는다. 그리고 조건부 오퍼만으로는 영국 비자를 받을 수 없다. 지원 서류에 영어 성적을 적어 넣기 위해 당시 일본 돈으로 26,000엔이 넘는 비싼 시험을 치러야 했다. 교수는 내가 외국인이기 때문에 입학 사정에 영어 성적이 필요하지만, 우선 학교에 지원하기만 하면 편의를 봐서 무조건부 오퍼를 줄 거라고 했다. 나만 괜찮다면 2009년 10월부터 공부를 시작할 수 있다는 것이다. 제공되는 장학금이 올해 10월에 학위를 시작해야 한다는 조건이 붙은 것이니 빨리 결정해야 했다.

일러도 다음 해 가을에나 영국에 갈 수 있으리라 생각했는데, 의외로 모든 것이 빨리 결정되었다. 나도 그렇고, 고다마야 선생마저 예상하지 못한 일이었다. 선생은 내가 자신의 조언대로 영국의 대학을 선택한 것을 흡족해하셨다. 학교를 결정하고 나자, 도쿄에서 지낸 2년 반을 보름 만에 정리해야 했다. 일본에 올 때 단출했던 살림살이가 그사이 엄청나게 늘었는데, 가져갈 수 있는 짐의 무게가 한정되어 있기 때문에 중요하지 않은 물건들은 미련 없이 버려야 했다. 아무 준비 없이 일본에 왔는데 또 아무 준비 없이 영국에 가게 된 것이다.

마지막 날에 펼쳐진 007 작전

영국 대학교 입학처에서 비자 관련 서류를 너무 늦게 보내준 데다 일본의 실버위크까지 겹쳐 비자 발급이 한없이 늦어졌다. 최소 보름은 기다려야 할 거라고 했다. 비자를 접수하고 나서는 날마다 컴퓨터 앞에 앉아 비자가 어디쯤 와 있는지 조회하는 것이 일과였다. 적어도 보름을 이렇게 시달릴 생각을 하니 머리가 지끈거렸다.

혹시나 해서 비자 접수 5일 뒤인 9월 30일 오전에 영국비자센터로 전화를 했다. 내일부터 영국 학교에서 수업이 시작되는데 난 아직도 일본에 있으니 어쩌면 좋으냐고 하소연했다. 담당 직원은 오전 11시 30분에서 오후 1시 30분 사이에 여권이 도착하면 그날 찾을 수 있는데, 현재로서는 오늘 도착할지 알 수 없고 그 여권 안에 비자가 있는지도 확인할 수 없다고 대답했다.

그런데 정오쯤 영국비자센터 직원한테 전화가 왔다. 원래 오후에 여권이 도착하면 대개 그다음 날 찾아가게 하는데, 혹시라도 오늘 여권이 도착하면 업무가 끝난 시간에라도 여권을 찾아가도록 도와주겠다고 했다. 비자가 나올지 안 나올지도 모르는데, 그 마음이 고마워서 비자센터 근처 카페에 앉아 무작정 기다렸다.

그리고 오후 5시, 정말로 전화가 왔다. 사무실로 찾아갔더니 내게 전화한 사람은 이미 퇴근해서 고맙다는 인사도 못 했다. 여권을 받자마자 열어보니 학위 중간에 비자 연장을 따로 할 필요가 없게 기간이 2014년까지 넉넉히 잡혀 있었다. 막 문을 닫으려는 여행사 문을 두드려, 급행료까지 물고 다음 날 아침에 떠나는 런던행 비행기표를 끊었다. 그동안 쓰던 전화를 해지하기 전에 꼭 인사해야 할 사람들에게 전화를 했다. 그리고 다음 날인 10월 1일 아침, 난 일본을 떠났다.

/ 엑서터 대학교의 학생증을 만들다 /

행운을 빌어요!

    번갯불에 콩 볶아 먹듯 준비했지만 무사히 영국에 도착했다. 런던 히드로 공항 입국장은 예전에 배낭여행으로 들렀을 때보다 한층 낡고 지저분했다. 게다가 피부색이 다른 사람들은 입국 심사를 하는 대기 시간이 엄청 오래 걸렸다. 엑스레이 촬영을 받는 사람도 의외로 많았다.

    입학 시즌이라서 그런지 학생들을 대상으로 입국 심사 게이트가 따로 마련되어 있었고, 어떤 서류를 준비해야 하는지 표지판에 안내되어 있었다. 저런 것까지 챙겨야 하나 투덜거리며 주섬주섬 가방에서 서류를 찾고 있는데, 드디어 내 차례가 되었다. 입국 심사관이 손을 까딱거리더니 그냥 오라고 신호를 보냈다. 여권을 펼쳐보며 전공을 묻더니, 자신도 나처럼 지리학을 공부했단다. 돈도 안 되는 학문인데 어떻게 박사 과정까지 밟을 생각을 하느냐며 웃더니만, 곧바로 도장을 찍어주었다. 까다롭기로 악명 높은 히드로 공항 입국장에서 단 30초 만에 입국 스탬프를 받은 것이다. 입국 심사관이 행운을 빈다면서 스탬프를 쿵 찍어 줄 때, 정말로 행운이 찾아온 느낌이었다. 게다가 트렁크 두 개에 기타까지 메고 허둥지둥하는 나를 딱하게 여긴 영국 청년의 도움으로 목적지인 엑서터Exeter까지 가는 기차에 무사히 오를 수 있었다.

하지만 영국의 친절함은 딱 여기까지였다. 입김이 뽀얗게 나올 정도로 추운 엑서터의 날씨가 나를 맞이했다. 10월 초순의 영국은 생각보다 훨씬 추웠고, 비도 많이 내렸으며, 거리는 지저분했다. 듣던 대로 물가는 살인적이었고 어딜 가나 중국어가 들렸다. 아직 어디가 어딘지 구분도 못 하고 헤매고 있는데, 엑서터 대학교의 같은 과 한국인 유학생이 도와준 덕에 어렵사리 방을 구할 수 있었다. 학교 홈페이지에는 유럽식 이름만 가득해서 유학 생활이 외롭겠다 싶었는데, 2009년에는 나 말고도 두 명의 한국인이 같은 학과 박사 과정에 입학했고 이듬해 가을에 또 다른 한 명이 입학했다. 다들 바빠서 자주 교류할 시간은 없었지만 모두 마음이 따뜻한 사람들이었다.

도착한 다음 날, 학교에 가자마자 학생증부터 찾기로 했다. 먼저 내가 이 학교 학생임을 인터넷을 통해 확인받아야 하는데, 접속하는 일이 쉽지 않았다. 일단 도서관에 가서 자리가 빈 컴퓨터를 찾았다. 그런데 학교 컴퓨터를 쓰려면 로그인을 해야 한단다. 우선 학생 등록부터 해야 로그인이 가능한데, 정말 앞뒤가 안 맞는 시스템이었다. 옆자리에서 컴퓨터를 쓰고 있는 학생에게 도움을 청하려고 말을 거는데, 모니터에 한국 포털 사이트를 띄워놓고 있었다. 너무도 반가운 마음에 도와달라는 말이 한국어로 저절로 튀어나왔다. 우리나라 공무원들이 엑서터 대학에 학위 취득을 위해 많이 온다고 들었는데, 그분도 그중 한 명이었다. 덕분에 등록을 무사히 마쳤고, 휴대전화는 어떻게 개설하는지, 마트는 어디에 있는지 등등 생활 정보까지 얻을 수 있었다. 나중에 신세를 꼭 갚겠다고 했는데, 그 후에 차 한잔 마실 시간도 내지 못해 여전히 빚진 기분이다.

오후 5시면 상점들이 문을 닫는 마을

엑서터는 데번주Devon County의 주도州都로, 대학을 중심으로 상권이 형성된 곳이다. 전체 인구는 10만 명이 좀 넘는데, 학생과 교직원이 3~4만 명 정도 되니 이들이 없으면 어떻게 돌아갈까 싶다. 학교 주변은 주택가나 농지가 대부분이다. 근처에 바다가 있어 비만 오면 갈매기들이 학교 잔디밭으로 날아든다.

기숙사가 캠퍼스 안에 있어서 장을 보려면 시내까지 나가야 하는데, 학교에서 시내까지 내 걸음으로는 30분 정도 걸렸다. 학교에서 시내까지 다니는 버스도 있는데, 버스비는 왕복 4파운드, 당시 환율로 6,300원 정도였다. 높은 영국 물가가 실감이 났다. 덕분에 비가 오나 눈이 오나 바람이 부나 시내까지 나는 늘 걸어 다녔다. 영국에서도 일본에서처럼 자전거를 타고 다니겠다는 야심찬 계획을 세웠는데, 곳곳이 언덕투성이라 포기할 수밖에 없었다.

엑서터는 시끌벅적한 것을 좋아하는 사람들에겐 답답해 견디기 힘든 곳일 테지만, 조용하게 살고 싶은 사람들한테는 천국이다. 해가 일찍 져서 그런지, 영국 사람들은 밤에 돌아다니는 것을 싫어하는 건지, 대부분의 가게가 일찍 문을 닫는다. 심지어 오후 5시도 안 돼서 문을 닫아버리는 상점도 많다. 오후 4시에 문을 닫는 스타벅스를 보고 처음에는 정말 놀랐다. 한국의 편의점과 비슷한 더 코퍼레이션이라는 상점도 오후 10시면 문을 닫는다. 다른 가게보다 늦은 시간까지 영업하는 대신 가격이 비싸다. 그러니 엑서터에서는 밤 10시가 넘어 갑자기 먹고 싶은 게 있어도 참아야 한다. 한국이나 일본식 편의점이 들어오면 장사가 잘될 거라는 생각을 늘상 했다. 캠퍼스가 엄청 넓으니 학교 안에 두 군데, 정문 근처에 두 군데 정도 생기면 딱 좋겠다고 말이다.

영국의 박사 과정은 수업이 포함된 코스 워크가 아닌 데다, 내 경우에는 일본에서 이미 6개월 정도 워밍업을 한 상태라 헤맬 일은 없었다. 미국처럼 코스 워크가 있었다면 수강 신청도 해야 하고 새로운 환경에 적응하느라 고생했을지도 모르겠다. 날은 으슬으슬하게 추운 데다 해는 일찍 지고 가게는 일찍 문을 닫고 그 흔한 편의점도 없는 곳이지만, 기숙사와 가까운 연구실에 내 자리가 있고 방문만 열면 푸른 숲과 나무가 보이는 엑서터가 참 좋았다.

/ 이사만 몇 번째? /

이거 정글이 따로 없군!

    연구실에서 책상과 컴퓨터를 제공해준 덕분에 공부하는 데는 바로 적응했지만, 일상생활에 적응하는 데는 적지 않은 시간이 걸렸다. 짐 싸기가 무섭게 일본을 떠났기 때문에 일단 엑서터에서의 생활 정보 자체가 부족했다. 당장 방부터 구하려고 학교 기숙사 사무소에 갔더니, 생각보다 방값이 무척 비쌌다. 게다가 학교 근처도 아니고 시내까지 20~30분은 걸어가야 한다는데, 그곳 말고는 비싼 스튜디오 타입의 방뿐이라 어쩔 수 없이 계약했다. 방에는 침대 하나만 달랑 놓여 있었다. 방값만 해도 비싼데, 살림살이까지 전부 새로 장만해야 해서 부수적으로 들어가는 돈이 너무 많았다. 게다가 인터넷이나 세탁기, 건조기를 사용할 때도 모두 돈을 내야 했다. 이러다가는 한 달도 버티지 못하고 한국으로 돌아가야 할지도 몰랐다.

    며칠 뒤 기숙사 사무소에 다시 연락해서 내 경제 수준으로는 도저히 이곳에 살 수 없으니, 좀 더 싸고 학교와 가까운 기숙사를 소개해달라고 졸랐다. 가족들에게는 새로운 환경에 잘 적응하고 있으며 공부도 재미있고 주변 사람들도 친절하게 대해준다며 안심시켰지만, 나는 밤마다 이곳에서 얼마나 더 버틸 수 있을까 불안해하며 불면증에 시달려야 했다.

지성이면 감천이라고, 한 달이 채 안 되어 학교 측에서 기숙사에 빈방이 났다고 연락이 왔다. 상태가 특별히 나을 건 없지만 연구실과 가깝고 방값도 훨씬 저렴했다. 사실 엑서터에 오기 전에 학교 홈페이지를 통해 여러 종류의 기숙사를 둘러보면서 '저곳'에서만은 절대 살지 않겠다고 생각한 곳이 있었는데, 이사하고 나니 바로 그곳이었다. 그런데 정작 살아보니 구조가 딱 좋았다. 바닥의 높낮이가 달라서 왔다 갔다 할 때마다 비행기를 타는 기분이었지만, 가격에 비해 공간도 넓었다.

새로 이사한 기숙사에는 중국인들이 많이 살았다. 스물한 명의 입주자 가운데 여덟 명이 중국인이었는데, 두 동으로 나뉘어 있는 기숙사에서 모두 나와 같은 동에 살았다. 내가 사는 동의 부엌이며 욕실, 화장실, 거실은 늘 지저분하고 더러웠다. 다른 동은 깨끗했는데 말이다. 청소하는 아주머니도 화가 나셨는지 화장실이며 부엌, 냉장고를 깨끗이 쓰라고 날마다 메시지를 남겨놓았지만 소용이 없었다. 사진을 찍어 게시판에 붙여놔도 역시나 무용지물이었다.

이웃과 언성을 높일 만한 일이 빈번하게 일어났다. 날씨가 따뜻해지자 학생들이 현관 앞에 빨래를 널곤 했는데, 언제부터인가 복도의 난방기구에까지 속옷을 널기 시작했다. 건조기 사용비를 아끼려 그런 건지, 자기 속옷을 자랑하려 그런 건지 이유는 정확히 모르겠다. 부엌 싱크대 앞에 서서 양치질하는 풍경은 일본에서부터 봐온 터라 익숙했는데, 설거지할 그릇도 치우지 않고 양치질을 하는 고수들의 모습에는 혀를 내둘렀다. 언제 그랬냐는 듯 화장을 곱게 하고 긴 생머리를 휘날리며 기숙사를 나서는 여학생들을 보면 만감이 교차했다.

기숙사의 무법자들

『얼굴 빨개지는 아이』라는 제목의 동화책을 읽은 적이 있는데, 내가 살던 기숙사에도 그런 사람이 있었다. 40대 후반에서 50대 초반쯤 되는 영국인으로 8년차 박사 과정 학생이었는데, 케임브리지 대학에서 학생들을 가르치는 것이 꿈이라고 했다. 어느 날 욕실 문을 잘못 잠그는 바람에 나는 벗은 상태에서, 그 사람은 옷을 입은 상태에서 어색하게 인사하게 되었는데, 그것만이 이유는 아니었겠지만 기숙사를 나올 때까지 서먹하게 지냈다.

사실 그와의 관계가 어색했던 사람이 나뿐만은 아니었을 거다. 그 사람 방 옆에 공동 세면실이 있었는데 저녁 10시가 넘으면 아무도 사용하지 못했다. 기숙사 규칙이 그랬던 게 아니라, 이 영국인이 잠옷 바람으로 시끄럽다고 소리를 버럭 지르며 뛰쳐나오기 때문이었다. 이른 아침에도 마찬가지였다. 1층 부엌에 하나밖에 없는 세탁기나 건조기도 이 사람이 쉬는 시간에는 사용할 수 없었다. 한 시간 빨래 건조를 위해 40펜스를 넣고 건조가 다 되었겠다 싶어 가보면 전원이 꺼져 있는 경우가 부지기수였다. 시끄럽다며 그가 다짜고자 꺼버리는 것이었다. 제발 그러지 말라고 메시지를 써서 붙여놨더니 보란 듯이 종이를 갈기갈기 찢어놓았다. 싱크대에 음식물 쓰레기를 그냥 흘려보내서 싱크대 배수구를 막히게 하는 주범도 그였는데, 아무도 이래라저래라 하지 못했다. 한마디 했다가 무슨 봉변을 당할지 알 수 없었기 때문이다. 지금 생각해도 답이 안 나오는 미스터리한 인물이었다.

기숙사 안에서는 담배를 피우지 못하게 되어 있었지만, 중국인, 인도인, 네팔인으로 구성된 세 명의 골초 집단이 늘 골칫거리였다. 그들은 복도며 화장실에서 담배를 피우고는 발뺌을 했다. 게다가 담뱃불을 붙일 때마다 부엌의 가스레인지를 사용해서 여러 사람을 피곤하게 했다. 오래된 건물이라 연기가 조금만 나도 화재경보기가 울렸는데, 이 골초들 때문에 새벽에도 경보기가 울려 자다가 뛰쳐나간 게 한두 번이 아니었다.

내가 머물던 기숙사는 날마다 파티를 즐기는 학부생들이 대학원생들을 방해하지 않도록 하려는 학교 측의 배려로 대학원생만 입주가 가능했다. 하지만 '네팔 왕자'(풍모가 왕자라서가 아니라 게으르기가 이를 데 없어서 왕자 출신이 아닐까 싶어 입주 학생들이 붙인 별명이다)와 그를 추종하는 두 명의 골초들은 대학원생인데도 꼭 학부생처럼 굴었다. 네팔 왕자의 생일이 하이라이트였는데, 외부인들까지 기숙사로 초대해 새벽 3시가 넘도록 시끌벅적 난리를 피운 적이 있었다. 어설픈 기타 연주까지 가세하는 바람에 얼마나 괴로웠는지 모른다. 나를 비롯한 기숙사 학생들은 네팔 왕자의 생일 파티가 끝나기만을 기다리며 부글부글 속을 끓였다.

그 후에 또다시 이사를 했다. 영국에 도착한 뒤 세 번째 이사였다. 학교 안에 자리한 기숙사였고, 이제껏 입주했던 기숙사 가운데 가장 좋은 곳이었다. 방 안에는 욕실까지 갖추어져 있었고, 냉장고 두 개를 여섯 명의 학생이 나눠 쓸 수 있었다. 좁아터진 냉장고 속 빈 공간을 찾아 헤매다가 이제 널찍하게 사용할 수 있게 되니 이보다 더 좋을 수가 없었다.

영국에서 유학하면서 작은 소망을 절실하게 품게 되었다. 나만 사용하는 세탁기, 내 음식만 넣을 수 있는 냉장고가 있는 곳에서 살고 싶다는 소망이었다. 나중에 집을 구하게 되면 계약서를 쓸 때 이 두 가지는 꼭 포함시키겠다고 다짐할 정도였으니, 그간 세탁기와 냉장고 때문에 내가 받은 스트레스가 어느 정도인지 짐작할 것이다.

/ 공짜로 기숙사에 살게 되다 /

가장 완벽한 아르바이트 찾기

영국에 도착하자마자 공부에 방해가 안 되면서 부담 없이 할 수 있는 아르바이트를 찾아 나섰다. 아무리 허드렛일이더라도 시급이 6~7파운드니, 일주일에 열 시간만 일해도 식비 정도는 충분히 해결할 수 있을 것 같았다.

10월이 절반 정도 지났을 무렵, 학교 홈페이지에서 레지던트 튜터Resident Tutor 모집 공고를 발견했다. 기대하지 않았던 수확이었다. 보수가 없는 대신 학생들을 감독하며 기숙사에 공짜로 머물 수 있었다. 일종의 기숙사 사감인 셈인데, 직원들이 퇴근한 후 기숙사에서 발생하는 일을 관리, 감독하는 일이었다. 관리하는 학생은 50여 명으로 모두 외국인 유학생이었다.

내가 왜 그 자리에 적합한지 써 내려간 커버 레터Cover Letter*를

---

* 지원하는 일과 관련된 지원자의 관심, 동기, 경력 등을 간략히 작성하는 서류 양식이다. 외국에서는 대부분 채용 시 커버 레터를 먼저 읽어본 뒤 이력서 검토 여부를 결정하기 때문에 채용 담당자가 왜 이력서를 읽어야 하는지 커버 레터에 설득력 있게 설명해야 한다.

이력서와 동봉해서 보냈다. 다음 날 인터뷰하자는 연락이 왔고, 정확히 일주일 후 인터뷰가 이루어졌다. 영어 본고장인 영국에서 취직을 위한 영어 인터뷰는 처음이라 조금 부담스러웠지만, 최대한 침착하게 질문에 답했다. 학교 측에서는 다년간 여러 나라에서 기숙사 생활을 해본 경험이 있고, 특히 아시아 3개국 언어를 할 줄 안다는 이력 때문에 면접을 보고 싶었다고 했다. 특별히 까다로운 질문 없이 나를 거의 채용하겠다는 분위기여서, 곧 공짜 기숙사가 생기겠구나 싶어 좋아했다.

그런데 한 달이 지나도록 아무 연락이 없었다. 행정 처리가 느릿느릿 이루어지는 게 영국 문화인 줄 그때는 몰랐다. 답답한 마음에 지도교수와 상의했더니, 무작정 기다리지만 말고 다시 한번 연락을 취해보라고 했다. 부랴부랴 메일을 띄웠더니, 의외로 그날 바로 답변이 왔다. 기숙사 방 배정을 조정하는 중이라 그동안 연락을 하지 못해 미안하다면서 조금만 더 기다려달라고 했다.

2009년 마지막 날, 새해로 다가서는 시점에 눈 빠지게 기다리던 메일이 드디어 도착했다. 방 배정이 끝났으니 열흘 내로 이사하면 좋겠다는 내용이었다. 기다림에 대한 보답인지, 내가 일할 곳은 학교 안에 위치한 기숙사인 데다 주변 경관도 훌륭했으며 내부시설도 좋았다. 당장 이사할 수 있으며, 열심히 하겠노라고 답변을 보냈다. 드디어 방 문제가 해결되는 순간이었다.

천하무적 레지던트 튜터가 간다!

레지던트 튜터는 방을 공짜로 쓰는 대신, 기숙사 세 동에 흩어져 사는 53명의 학생을 매일 관리, 감독해야 했다. 눈 뜨고 봐 줄 수 없을 만큼 더러웠던 공동 부엌은 내가 도착한 날 바로 깨끗해졌다. 방법은 부엌에 전단지를 붙이는 것이었다. 하루의 시간을 줄 테니 각 층 학생들이 상의해서 청소하라고, 그러지 않으면 청소하는 용역을 부를 테고, 용역 부르는 비용에 1인당 100파운드의 벌금을 더해 걷을 거라는 내용이었다. 그랬더니 하루도 지나지 않아 전단지의 효력이 발생했다.

기숙사 청소 상태가 안 좋은 것은 전임자 때문인지도 몰랐다. 전임자가 방을 어찌나 험하게 썼는지, 내 방을 청소하는 데만 거의 한 달이 걸렸다. 붙박이장이 부서져서 벽이 훤히 보였는데, 보름을 기다려서 겨우 고쳤다. 화장실도 청소 담당자가 일주일 동안 매일 청소해서 겨우 얼룩을 제거했다. 게다가 전임자는 자기 이삿짐을 다 챙기지 않고 공동으로 사용하는 거실에 흩어놓고는 거의 보름이 지나서야 가져갔다. 내 층에 사는 학생들이 말하기를, 냄새나는 쓰레기 봉지를 부엌에 몇 개나 내놓더니 학생들한테 치우라고 한 적도 있단다. 그 게으른 영국 출신의 전임자는 다른 기숙사에서도 그 버릇을 고치지 못했고, 결국 6개월 후에 타의로 그만뒀다고 들었다.

이사 온 지 한 달째 되던 날, 기숙사 각 층을 전부 돌아다니며 학생들을 만나 불편한 것은 없는지, 고장 나서 수리할 곳은 없는지 물어봤다. 학생들은 얘기하면 뭐가 바뀌느냐고 되물으며, 이런 일이 아무 소용없다고 생각하는 눈치였다. 알고보니 학생 하나가 작년 10월부터 화장실 전구를 좀 갈아달라고 했는데, 여전히 어둠 속에서 살고 있었다. 내가 다 책임지겠다며 불만 사항을 접수해보니 가짓수가 엄청났다. 비싼 등록금에 비싼 방값을 내고 살면서 어떻게 이럴 수 있나 싶었다. 당장 그날 밤에 보고서를 작성해서 기숙사 사무실에 보고했다.

그리고 일주일 후, 학생들의 심정을 이해할 만한 사건이 일어났다. 갑자기 내가 사는 층의 부엌과 내 방 전체의 전기가 나가버린 것이다. 담당 부서에 전화했더니, 다른 일을 끝내고 한 시간 후에 봐줄 테니 걱정 말고 기다리라고 했다. 그 말만 믿고 밤 11시쯤 연구실에서 나와 방으로 돌아왔는데, 여전히 전기가 들어오지 않았다. 게다가 인터넷 접속도 안 됐는데, 하필 금요일이라 모두가 퇴근한 뒤였다. 재앙이 따로 없었다. 월요일에는 고쳐주겠지 싶어서 주말 동안 꾹 참았지만, 그 상황은 화요일 아침까지 계속되었다. 사무실의 시설 관리 담당자에게 날마다 보고해도 달라지지 않았다. 그래서 그에게 전기 설비를 관리하는 최종 담당자를 물어 직접 찾아갔더니, 그런 보고는 받은 적이 없다는 대답뿐이었다. 얼마 전에 내가 기숙사 사무실 쪽에 전달한 학생들의 불만 사항도 진전된 게 없었다. 사실 내가 할 수 있는 일은 그게 전부였지만, 더 이상은 참을 수 없었다. 결국 수요일 새벽에 학생 복지를 담당하는 최고 상관에게 불만을 잔뜩 담아 장문의 메일을 보냈다.

도저히 당신들이 하는 일을 이해할 수 없습니다. 학생들이 기숙사에서 담배를 피우거나 부엌을 더럽게 쓰면 그 자리에서 당장 벌금을 물리고, 등록금이며 방값을 제때 내지 않으면 무슨 사정이건 쫓아내지요. 그렇다면 학교 측도 학생들이 요구하는 게 있으면 바로 시정해줘야 하지 않나요? 화장실이 막혔다고 보고했는데도, 일주일이 넘도록 해결될 기미가 보이지 않습니다. 전기가 나가서 생활을 못 한다고 보고했는데도, 누가 와서 체크조차 하지 않더군요. 이런 시스템으로 어떻게 계속 학생들을 받고, 대외적으로 좋은 이미지를 유지할 수 있겠습니까?

내 심정이 바로 전달되었는지, 그날 오전에 상관은 무엇이 문제인지 각 담당자를 불러 체크할 것이니 기다리라며 바로 연락을 줬고, 각 담당자들은 내가 보낸 요구 사항이 너무 많아서 한꺼번에 처리할 수 없으니 좀 참아달라며 메일을 보내왔다. 전기 문제는 담당자가 내 방을 찾지 못해서 해결하지 못했다는 뻔한 변명을 덧붙였다.

그다음 날, 내 방이며 부엌에 전기가 다시 들어왔다. 그리고 여러 사람들이 이틀 동안 건물 전 층을 쉴 새 없이 돌아다니며 점검을 하더니, 제대로 작동하지 않는 부엌의 전자레인지부터 새로 싹 바꿔주었다. 환기구 담당하는 사람, 전기 담당하는 사람, 화장실 배수 담당하는 사람이 차례로 다녀갔다. 한바탕 폭풍이 지나간 느낌이었다.

튜터 일을 그만둘 때까지 나는 매주 서너 번씩 학생들을 방문했고, 시설에 문제가 있거나 학생들이 불만을 제기하면 매주 내용을 정리해 보고서로 만들어 사무실에 제출했다. 원래 당연히 그렇게 해야 하지만, 지금까지는 제대로 실행한 튜터가 없었다고 한다. 처음에는 내가 건의 사항을 너무 많이 보내서 미운털이 박히지 않을까 걱정했는데, 그렇지 않았다. 사무실에서는 보고서를 보낼 때마다 고마워했다.

대개는 6개월에 한 번씩 레지던트 튜터가 바뀌지만, 공헌도에 따라 계약을 연장해주기도 했다. 나는 계약을 계속 연장해 박사 과정이 끝날 때까지 같은 기숙사의 같은 방에서 지냈고, 에티오피아로 장기 현지 조사를 떠날 때도 기숙사 측에서는 내 짐을 빼지 않게끔 편의를 봐줬다.

/ **지도교수 폴 클로크 선생** /

영국에서 만난 최고의 스승

엑서터 대학에서 공부하기까지 우여곡절이 많았다. 처음부터 영국 학교를 택할 생각도 아니었고, 그 당시 지원했던 지리학은 사실 생각해보지 않았던 전공이었다. 그저 앞으로 몇 년간 내 연구를 적극적으로 후원해줄 수 있는 대학을 찾으려 했다. 외국인 유학생이, 그것도 이공계가 아닌 사회학 분야 전공자가 영국에서 박사 과정을 밟으며 장학금을 받기가 쉽지 않다는 얘기를 수없이 들었던 터라, 장학금을 제공한다는 엑서터 대학 쪽의 제안에 마음이 크게 흔들렸다. 대학 측에서 장학금을 제공한다는 건 그만큼 내가 진행하는 연구를 가볍게 여기지 않는다는 의미이기도 했다. 그리고 무엇보다 지도교수가 될 폴 클로크Paul Cloke 선생이 내 결정에 큰 영향을 미쳤다.

영국의 한 기관에서 펠로우십을 받을 때 폴 클로크 선생의 프로필과 사진을 우연히 보게 되었다. 슈렉 탈을 쓴 사람과 어깨를 나란히 한 선생의 사진을 보고 참 유쾌한 사람이라는 인상을 받았다. 프로필에는 이런 내용이 적혀 있었다.

폴은 OOO와 결혼했고, 두 아이가 있다. 그의 가족은 그에게 아주 소중한 존재이며, 그가 여기까지 오는 데 큰 원동력이 되었다. 연구를 하지 않을 때는 기타를 연주하거나 풋볼 팀을 응원하며, 모험이 가득한 장소에서 걷고 있거나 자전거를 타는 폴을 목격할 수 있을 것이다.

제한된 지면에 프로필을 적을 때 대개 사람들은 자신의 이력을 최대한 포장하기 바쁜데, 전문적이지 않은 프로필과 푸근하게 웃고 있는 친근한 인상이 마음에 쏙 들었다.

영국 대학에서는 지도교수와 함께 연구 진행 과정을 토론하고 신뢰를 쌓는 일이 중요하다. 토론하는 과정에서 몇 개월 만에 연구 주제를 바꾸는 학생들도 더러 있다. 이는 곧 그동안 해왔던 연구를 모두 접고 처음부터 다시 시작해야 한다는 의미다. 박사학위 과정을 3년으로 잡았을 때, 기간 내에 논문을 끝내려면 시행착오의 과정을 최대한 줄여야 한다. 심지어 지도교수와 잘 맞지 않아 면담 횟수가 점점 줄어들거나 아예 면담을 하지 않는 학생들도 있다. 특히 유명한 교수의 경우에는 자기 일이 바빠서 일방적으로 학생과의 면담 약속을 취소하거나 본인의 연구에만 관심을 가지기도 한다. 그 때문에 유명해졌는지는 모르겠지만 말이다.

지도교수에게 불만이 많은 학생들 이야기를 들어보면, 사실 양쪽 모두에게 문제가 있는 경우가 많다. 그런 면에서 나는 운이 아주 좋았다. 폴 선생은 영국 지리학계에서 손꼽히는 교수인 데다 굉장히 성실한 분이다. 자유와 부담을 적절히 주면서 내가 제대로 가고 있는지 방향을 잘 잡아주셨다. 주변 유학생들의 말을 들어보면 대개 한 달에 한 번 정도 지도교수를 만난다고 하는데, 나 같은 경우는 매주 폴 선생을 만나 진행 중인 연구의 내용이나 문제점, 다음에 해야 할 일에 관해 상의했다. 지도교수는 신이 아니기 때문에 그에게 모든 것을 의존할 수는 없지만, 작은 일이라도 반드시 상의하고 힘든 일이 생기면 곧장 연락했다.

기숙사 문제부터, 읽고 싶은 책이 있는데 너무 비싸서 고민이라는 시시콜콜한 문제까지 지도교수와 소통하는 나를 두고 한국인 유학생들이 너무 심한 것 아니냐며 놀리곤 했는데, 그럴 때마다 첫 면담 시간에 폴 선생이 나에게 해준 말을 떠올렸다.

"지도교수의 역할은 학생이 좋은 논문을 쓸 수 있도록 좋은 환경을 조성하는 거야. 앞으로 네가 어려운 일에 봉착했을 때 나는 기꺼이 도울 테니 어렵게 여기지 말고 얘기해다오."

이런 선생께 보답하는 최선의 방법은 좋은 논문을 쓰는 것뿐이다. 선생은 "네가 커피를 연구하니 난 면담 때마다 행복한 마음으로 커피를 살 것이고, 한곳에서만 커피를 마시면 지루하니 학교 주변의 모든 카페를 돌아다니며 커피를 마셔보자."고 제안하기도 했다. 그래서 매주 금요일마다 폴 선생과 함께 카페를 투어하며 논문을 발전시켰다.

행복한 오순, 계속 웃어!

엑서터 대학에 입학하기 전까지는 지리학에 대해 아는 게 거의 없었다. 물론 사회학에 관한 배경지식도 있고 지역학에 관심도 있었지만, 그것이 지리학으로 이어질 줄은 몰랐다. 내가 지리학의 매력에 푹 빠지게 된 것도 모두 폴 선생 덕분이다.

인문지리학의 경우 분야가 굉장히 다양한데, 에티오피아와 커피, 투어리즘, 지역개발 등 내가 궁금해하는 주제는 모두 지리학으로 요리할 수 있고, 윤리적 소비나 공정무역Fair Trade과 같은 주제도 함께 연구할 수 있다.

'나'와 '타자'의 관계는 철학에서만 논의되는 내용인 줄 알았는데, 지리학에서도 아주 중요한 테마였다. 아시아에서 온 내가 주눅 들지 않고 서양의 오류를 과감히 비판할 수 있는 자신감을 가지게 된 것도 지리학 덕분이었다. 혹시 인문지리학에 관심이 있다면, 폴 선생이 주저로 참여한 『Introducing Human Geographies』라는 책을 읽어보면 좋을 것 같다.

내 연구와 관련되어 아직까지 제대로 된 저작물이 없으니 같이 연구 결과를 출판할 생각이 없느냐고 폴 선생께 물어본 적이 있다. 그러자 선생은 정색하면서, 자신은 도의적으로 학생의 연구 주제를 가지고 책을 낼 수 없다고 했다. 그러면서 출판할 생각이 있다면 도와줄 수 있으니, 꼭 그렇게 되었으면 좋겠다고 응원을 잊지 않았다. 일본 유학 때부터 시작된 지도교수 복은 영국에서도 이어졌다. 결국 말도 다르고 교수법도 다르지만, 사람에게 전해지는 마음은 같은 게 아닐까?

폴 선생은 나를 만나면 항상 "오늘 행복해?"라고 안부를 물으며 미팅을 시작했다. 그리고 헤어질 때는 "행복한 오순, 계속 웃어!"라고 인사해줬다. 그분 덕분에 지난했던 박사 학위 과정을 충분히 즐기면서 무사히 마칠 수 있었던 것 같다.

# 6장.

에티오피아, 마법 같은 인연

/ 에티오피아와의 첫 만남 /

소망이 현실로 이루어지다

　세계 지도를 펼쳐놓고 아프리카를 찾아보면 북동쪽 근방에 뾰족한 뿔 모양을 한 에티오피아가 있다. 동쪽으로는 소말리아, 남쪽으로는 케냐, 서쪽으로는 수단과 남수단, 북쪽으로는 에리트레아와 지부티를 이웃으로 두고 있다. 아프리카에 있는 50개가 넘는 나라 중에 에티오피아와 나의 인연은 아주 우연한 계기로 시작되었다.

　한국에 있을 때, 한 NGO 단체에서 편지 번역 자원봉사를 한 적이 있다. 일주일에 30여 통의 편지가 도착하는데, 그걸 번역해서 후원자들에게 전달하는 일이었다. 내가 번역한 편지들은 전부 에티오피아에서 온 것이었다. 그때부터 에티오피아에 한번 가보고 싶다는 마음을 품었던 것 같다. 그곳에 가서 편지 속의 아이들도 만나보고 싶었다. 편지에는 항상 후원자에 대한 고마운 마음이 묻어났다.

후원자님께

안녕하세요. 하느님의 은총으로 저는 잘 지내고 있어요. 제 이름은 카사예 부르투케Kasaye Burtuke예요. 지금 1학년이고요, 과학 과목과 축구를 제일 좋아해요. 저는 부모님과 함께 살아요. 아버지는 농사를 지으시고요, 어머니는 집에서 살림을 돌보세요. 저는 오빠가 하나 있어요. 이름은 데제네Dejene고요, 올해 7학년이에요. 나이는 스물두 살이에요. 저희 가족은 '노노Nono'라는 지역에 살아요. 이곳은 일교차가 심한 편이에요. 동네 사람들은 주로 보리, 밀, 콩 등을 농사짓는데요, 저희는 '엔셋Enset' 농사를 많이 지어요. 후원자님께서 저를 도와주셔서 정말 감사드려요. 부모님께서도 많이 고마워하세요. 그럼 안녕히 계세요.

카사예 부르투케 올림

에티오피아와의 인연은 이것으로 끝나지 않았다. 일본국제교류기금에서 연수가 끝난 후 강원도 화천에서 쪽배축제 준비를 지원하게 되었는데, 어느 날 군수가 지나가는 말로 강원도 화천군에 '세계 평화의 종 공원'을 만들 계획이라고 이야기했다.

전 세계의 분쟁 지역에서 구한 탄피를 모아 종을 만들고, 공원 안에 기념관도 만들 계획이라고 했다. 그리고 분쟁 지역에서 탄피를 수거하고 그곳 사람들에게 평화 메시지를 받아오는 역할을 수행하는 홍보대사로 나를 위촉하고 싶다고 제안했다. 군수와 에티오피아에 대해 이야기하다가 갑작스럽게 결정된 일이었다. 그렇게 정말 거짓말처럼, 나는 에티오피아에 가게 되었다.

공항 블랙리스트에 오르다

에티오피아에 도착해서 한국전쟁 참전 용사들과 그 가족들, 그리고 에티오피아를 여행하는 사람들 중 평화나 반전에 관심 있는 이들로부터 평화 메시지를 받았다. 그런데 문제는 탄피를 구하는 일이었다. 전쟁 중에 사용한 탄피를 도대체 어디에서 구해야 할지 막막했다. 다행히 귀국을 며칠 남겨놓고 2.1킬로그램 정도의 탄피를 구할 수 있었다. 에티오피아가 옆 나라 에리트레아와 싸울 때 썼던 실제 탄피로, 모양과 크기가 다양했다.

그런데 탄피를 운반해 가는 게 문제였다. 비행기로 가져가기는 힘들 것 같아서 탄피가 든 가방을 우편으로 부치려고 문의했더니, 지금 시국이 어수선해서 에티오피아에서는 탄피를 국외로 가지고 나갈 수가 없다는 대답이 돌아왔다. 고민 끝에 탄피를 세 덩어리로 나누었다. 한 덩어리는 주에티오피아 한국대사관에 부탁하고, 다른 한 덩어리는 에티오피아 정부 기관에서 일하는 친구에게, 그리고 나머지는 내가 직접 가지고 비행기를 타기로 했다. 에티오피아 친구는 만일 내가 실패할 경우 에티오피아 대사관이 있는 도쿄로 탄피를 보내주기로 했다. 이후 일은 도쿄에 탄피가 도착한 후 상의하기로 했다.

에티오피아를 떠나면서 가방 여기저기에 탄피를 우겨 넣었다. 아디스아바바의 볼레 국제공항에서 조마조마해하고 있는데, 다행히 비행기에 탑승할 때까지 아무도 나를 불러 세우지 않았다. 환승 공항이었던 두바이도 무사히 통과할 수 있었다. 그리고 마침내 인천 국제공항에 도착했다. 그런데 내가 탄 비행기 승객들이 제각기 가방을 찾아 떠나고 한참 후에도 내 가방이 보이지 않았다. 마지막 사람이 떠난 지 30분이 지나서야 드디어 컨베이어 벨트 위에 내 가방이 보였다. 가방에는 커다란 빨간 자물쇠가 채워져 있었다. 그러더니 경찰 여러 명이 내게 달려와 가방에 뭐가 있는지 얘기하라며 다그쳤고, 나는 탄피가 있다고 대답했다. 공항 한쪽으로 끌려가 몇 번이나 검색대를 통과해야 했다. 짐은 바닥에 전부 쏟아져 하나씩 나열되었다.

탄피를 다 수거한 세관 직원은 무게를 쟀다. 700그램이었다. 담당자는 테러 예방을 위해 전 세계가 난리인 상황에서 딘피를 들고 비행기를 타다니 무슨 배짱이냐며 호통을 쳤다. 자초지종을 설명했지만 통하지 않았다. 담당자는 화천군이 아니라 내가 모든 책임을 져야 한다며 경찰서로 가자고 했다. 경찰서에 가야 한다는 말에 깜짝 놀라 화천군 담당자에게 전화했고, 그 뒤로 공항에서 한 시간 넘게 실랑이를 벌여야 했다. 마침내 기관끼리 해결을 보기로 하고 나는 겨우 집으로 돌아갈 수 있었다. 앞으로 여행에 불편은 없을 거라고 얘기했지만 이미 인천 공항 블랙리스트에는 내 이름이 올라간 뒤였다.

지금 돌이켜보면 왜 그렇게 무모했는지 모르겠다. 내가 맡은 역할을 어떻게든 해내겠다는 마음이 앞섰던 것 같다. 어쨌든 그 결과, 세계 30여 개 분쟁 지역의 탄피를 녹여 만든 '세계 평화의 종'이 성공적으로 제작되어 화천군 세계 평화의 종 공원의 한 자리를 빛내고 있다.

처음에는 단순한 호기심에서 출발했지만 우연한 기회로 에티오피아에 다녀오게 되었고, 그 이후 신기하게도 에티오피아 관련 연구자의 길을 걷게 되었다. 우연이라고만은 할 수 없는 참으로 묘한 인연의 나라다.

/ 에티오피아에서 살아남기 /

아프리카의 허브

　에티오피아는 아프리카의 허브로서 그 존재를 무시할 수 없는 곳이다. 에티오피아는 대한민국의 11배 정도 되는 국토에 약 1억 1천만 명이 살고 있다. 오로모족, 암하라족, 티그라이족, 구라게족 등 약 90여 종족으로 이루어진 다민족 국가이다.

　약 500만 명의 인구가 거주하는 수도 아디스아바바는 에티오피아의 중심에 위치해 있는데, 평균 해발 고도가 2,355미터라서 처음 방문하는 외국인은 간혹 고산병에 걸리기도 한다. 내 경우에는 별다른 증세가 없어서 높은 해발 고도를 실감하지 못했다. '아디스Addis'는 현지어로 '새롭다'는 뜻이고, '아바바Ababa'는 '꽃'을 의미한다. 아디스아바바는 뉴욕, 브뤼셀, 제네바에 이어 세계에서 네 번째로 외교 공관이 많은 도시이다. 100여 개가 넘는 나라의 대사관이 이곳에 터를 잡고 있다. 또한 아프리카연합African Union, UN 아프리카 경제위원회UN Economic Commission for

Africa 등 주요 국제기구가 아디스아바바에 본부를 두고 있다.

아프리카 대륙에 있는 대부분의 나라가 오랜 기간 영국이나 프랑스 등의 식민 지배를 받은 데 비해, 에티오피아는 이탈리아에 5년간 점령당한 것 이외에는 강대국의 지배를 받았던 적이 없다. 이러한 까닭에 에티오피아는 아프리카 대륙에서 드물게 고유 문자를 사용하고 있다. 공식 언어는 암하라어와 영어라서 간판 등에 병기하고 있는데, 암하라어를 알면 에티오피아에서의 생활이 아주 편해진다.

만만치 않은 저력을 지닌 나라

많은 이들이 그렇듯 나 역시 그간 미디어를 통해 에티오피아의 가난과 기근밖에 보지 못했기 때문에, 공항이나 제대로 갖춰져 있을까 하는 의구심을 갖고 에티오피아에 갔다. 그러나 에티오피아도 사람 사는 곳이었다. 경제 발전이란 잣대로 봤을 때는 우리보다 늦지만, 아름다운 자연환경과 3,000년이 넘는 유구한 역사를 가진 나라이다. 조금만 들여다보면 이 나라가 얼마나 매력적인지 알 수 있을 텐데, 우리가 아프리카 대륙에 대해 무지한 것처럼 에티오피아라는 나라에 대해서도 무관심으로 일관한 면이 없지 않다.

에티오피아는 한국전쟁 당시 아프리카에서는 유일하게 6,000여 명의 지상군을 파견한 나라이다. '각뉴 부대'라고 불리던 에티오피아 참전 용사들은 황제의 근위병들로 단 한 명의 포로도 없이 전장에서 용감하게 싸웠으며, 전쟁이 끝난 후 잔류 부대원들은 DMZ 근방에 보육시설을 만들어 전쟁고아들까지 돌보았다고 한다. 지금은 상황이 바뀌어 코이카를 통해 우리가 에티오피아로 봉사단원을 파견하고 있지만, 불과 70여 년 전만 해도 우리가 에티오피아의 도움을 받던 시절이 있었다.

간혹 한국 사람들과 에티오피아에 대해 이야기할 기회가 있는데, 그저 가난한 나라라는 이유로 에티오피아를 얕잡아 보는 경향이 있다. 그렇지만 에티오피아는 아프리카에서 나이지리아에 이어 두 번째로 인구가 많은 나라로, 발전 가능성을 본다면 결코 무시할 수 없는 나라이다. 게다가 공용어가 영어이고 다양한 민족으로 구성되어 있어서, 어떻게 보면 한국보다 국제화가 더 빨리 진행되고 있다. 청년 실업 문제가 국가적으로 큰 난제이지만, 열정을 가진 청년들이 해외 유학을 통해 자국의 발전에 기여하려는 많은 노력을 기울이고 있다. 가난한 나라이기에 오히려 공짜 유학 기회가 많이 주어지므로 이를 적극 활용하는 것이다. 엑서터 대학에도 에티오피아에서 온 박사 과정 학생이 전액 장학금을 받아 공부하고 있었는데, 학위를 마치면 에티오피아에 돌아가 정부 기관에서 일할 거라고 했다. 외국에서 학위를 마치고 귀국하는 이런 학생들이 에티오피아의 미래를 밝히지 않을까 싶다.

아라비카 커피의 본고장

커피는 '커피 벨트Coffee Belt'라고 부르는 지역에서 주로 생산된다. 적도를 기점으로 위아래로 25도 정도 되는 지점이다. 지도를 펼쳐보면 세계에서 약 80여 개국이 커피를 생산하고 있고, 이 가운데 많은 나라가 개발도상국이다. 그리고 20개국이 넘는 커피 생산국이 아프리카에 모여 있다. 우리에게도 익숙한 아라비카Arabica 커피 품종의 원산지가 바로 에티오피아이며, 에티오피아는 아프리카 최대의 커피 생산국이다.

많은 커피 생산국에서 생산자들이 커피를 재배하여 대부분 수출하기 때문에 정작 자신들은 커피를 즐기지 못하는 경우가 많다. 반면 에티오피아 사람들은 커피를 생산하는 동시에 일상생활에서 늘 커피를 즐긴다. 커피의 역사가 오래되다 보니 커피와 함께 먹는 음식도 다양하고, 커피에 추가해 먹는 향신료 종류는 상상을 초월한다. 설탕, 소금, 버터 또는 '떼나아담'이라는 향이 나는 풀을 넣기도 하고, 어떤 지역에서는 심지어 고춧가루를 넣어 마시기도 한다. 또 음료가 아닌 죽처럼 만들어서 커피를 '마신다'고 하지 않고 '먹는다'고 표현하는 지역도 있다. 우리는 원두만 사용하지만 에티오피아에서는 커피의 잎, 줄기, 껍질까지 전부 이용한다. 시장에 가면 커피 잎이나 껍질도 거래되는 걸 볼 수 있다. 사막에 사는 사람들은 모래를 표현하는 단어만 해도 수십 가지라는 이야기를 들었는데, 에티오피아 사람들은 우리는 알지 못하는 커피의 세계를 그들만이 아는 용어를 사용하며 즐기고 있다.

나는 커피 투어리즘 연구를 진행하면서 내 연구가 에티오피아뿐만 아니라 다른 커피 생산국에도 도움이 되면 좋겠다고 생각했다. 한때는 내게 소주보다 못했던 커피가 이제는 나와 뗄 수 없는 절친한 친구가 되었다. 커피와 관련된 것이라면 무엇이든 흥미롭다. 아직까지 연구가 활발하게 진행되지 않은 분야이지만, 앞으로 동료애를 나눌 연구자들이 많이 나오면 좋겠다는 바람을 가진다.

인생 라면

오랜 해외 생활에서 겪는 어려움을 꼽으라면 빠트릴 수 없는 게 바로 한국 음식에 대한 향수이다. 한국에 있을 때는 그다지 좋아하지 않던 음식도 외국에서는 그렇게 먹고 싶을 수가 없다. 나도 몇 가지 음식 때문에 끙끙 앓은 적이 있는데, 하나같이 특별한 음식이 아니었다. 외국에 나오면 한국에서는 즐겨 먹지 않던 라면까지 보약이 되곤 한다.

중국에서 한창 여행 다닐 때를 떠올려보면, 내 배낭 맨 위에는 컵으로 된 신라면 몇 개가 신줏단지처럼 모셔져 있었다. 지금이야 중국 전역에서 쉽게 구할 수 있지만, 내가 여행 다닐 때만 해도 베이징, 상하이 등 대도시를 제외하고는 큰 슈퍼마켓에서도 신라면을 구하기가 어려웠다. 중국 남쪽을 여행하던 어느 날이었다. 비가 많이 와서 아무 데도 못 가고 하루 종일 비가 그치기만 기다리며 바깥을 내다보고 있자니, 한없이 센티멘털한 감상에 빠졌다. 들고 다니는 일기장에 몇 페이지를 끄적거렸는데도 감정은 사그라지지 않았다. 결국 아끼던 신라면을 꺼냈다. 배낭 위쪽에 넣고 다녔는데도 푹 찌그러져서 간신히 형태를 잡은 후 뜨거운 물을 부었다. 그 좁은 컵 안에서 라면이 수프와 섞이며 숨 가쁘게 요동치던 3분간의 냄새가 어찌나 황홀하던지. 그렇게 컵라면 하나를 먹고 나서 어느새 비가 그친 하늘 아래로 어슬렁어슬렁 나서는데 기분이 얼마나 좋았는지 모른다. 마치 신라면이 보약처럼 느껴졌다.

내가 에티오피아에 처음 도착했을 때, 거의 한 달간 한국인을 전혀 만날 수가 없었다. 그리고 나서 한 달 만에 우연히 한국인을 만났는데, 끼니는 어떻게 해결하느냐는 그분의 물음에 갑자기 눈물이 왈칵 쏟아졌다. 지독히도 그리운 한국 음식이 떠오르면서 서러운 감정이 복받쳤던 것이다. 그분이 대사관에서 추석 선물로 받았다며 신라면 다섯 봉지를 선물로 주는데, 마치 수호천사를 만난 기분이었다. 그렇게 라면 다섯 개를 소중히 품고 숙소에 돌아와 물을 끓이고 두근거리는 마음으로 라면 하나를 개봉했다. 그날, 눈물 콧물을 쏟고 나서 끓여 먹은 신라면은 '내 인생의 한 끼'로 꼽을 만한 음식이다.

에티오피아식 된장찌개

타지에서 몸이 아플 때만큼 한식 생각이 간절할 때가 또 있을까. 현지 조사차 에티오피아 동부 하라르Harar의 한 호텔에 머물던 중이었다. 낮에 마신 생과일 주스 때문인지 갑자기 식은땀이 흐르더니 극심한 복통에 호텔방 안에서 혼자 데굴데굴 구르다가 나도 모르게 기절하고 말았다. 그렇게 꼬박 사흘을 앓았다. 사다놓은 물도 다 마시고, 이러다 죽겠다 싶어서 나흘째 되는 날 기다시피 호텔 리셉션으로 내려갔다. 다들 내 몰골을 보고 놀라는 눈치였고, 친구처럼 지내던 직원이 나를 부축해 식당으로 안

내했다. 그런데 메뉴판에 도저히 먹을 만한 게 없었다. 그 친구가 걱정 어린 눈빛으로 우선 아무거나 먹고 병원에 가자고 했다. 나는 겨우 입을 열어 모기만 한 소리로 말했다. "죽이 먹고 싶은데 좀 끓여줄 수 있어요?"

잠시 후, 그 친구가 정말 죽을 끓여 왔다. 오트밀과 비슷했는데, 잡곡류가 많이 섞였고 맛이 아주 담백했다. 죽 한 그릇을 다 비우고 나니 그제야 병원에 가야겠다는 생각이 들었다. 보건소를 포함해 병원 비슷하게 생긴 곳을 대여섯 군데 돌았는데, 하필이면 그날이 무슬림 명절이라서 진찰하는 곳이 한 군데도 없었다. 타지에서 몸이 아픈데 병원 문턱도 못 밟아보는구나 생각하니 서러워서 눈물이 났다. 처음엔 눈물만 뚝뚝 흘리다가 울음소리가 점점 커지자, 근처에 있던 사람이 어쩔 줄 몰라 하며 내 어깨를 두드려줬다. 한참을 헤매다가 겨우 문을 연 병원을 찾아갔는데, 피 검사를 해야 한다며 다짜고짜 손가락을 내밀라고 했다. 그런데 의사가 들고 있는 건 주삿바늘이 아니라 의료용 메스였다. 소독이 제대로 되어 있는지도 모를 저 메스로 피를 뽑았다가는 없던 병도 생길 것 같았다. 나는 잔뜩 겁에 질려 손사래를 치고는 돌아 나왔다.

실컷 울어서 그런 건지, 점심에 먹은 죽 때문인지, 어느새 몸이 한결 가벼워졌다. 호텔로 돌아가서 내게 죽을 끓여준 직원에게 이제는 괜찮다고 했다. 그 친구는 정말 다행이라면서 내게 또 먹고 싶은 게 없느냐고 물었다. 그 순간 갑자기 떠오른 음식은 된장찌개였다.

에티오피아 사람들의 주식인 인제라('떼프'라는 곡류를 발효시켜 반죽을 만들어 얇게 부쳐 먹는 음식) 위에 같이 내는 소스를 현지어로 '마하바라위'라고 하는데, 이 소스 중에 '슈로워트'라는 게 있다. 콩이 원료라서 그런지 우리나라 된장이랑 맛이 얼추 비슷하다. 나는 혹시나 하는 마음으로, 슈로워트를 좀 묽게 요리하고 거기에 얇게 저민 감자를 넣어 보글보글 끓인 다음, 마지막에 송송 썬 풋고추를 넣어달라고 했다. 그리고 잠시 후 그 친구는 내가 설명한 음식을 만들어 왔는데, 생각보다 훨씬 그럴싸했다. 그 친절한 친구 덕분에 나는 땀까지 흘리면서 에티오피아 버전의 된장찌개를 아주 맛있게 먹었다. 그리고 가뿐해진 몸으로 하라르에서 무사히 일정을 마칠 수 있었다.

/ 현지인을 위한 커피 투어리즘 /

에티오피아 사람들이 가장 잘 아는 게 뭘까?

 사실 처음부터 내가 인문지리학 분야에 관심을 갖고 있었던 건 아니었다. '에티오피아 커피 투어리즘'이라는 연구 주제는 더더욱 그랬다. 한국에서는 문화예술 기획과 관련된 일을 했고, 줄곧 그 분야에 관심이 많았다. 개발도상국을 여행할 때마다 특히 문화 관광 요소를 중심으로 둘러보게 되는데, 풍부한 문화유산을 지니고 있는데도 가난한 그 나라의 처지에 안타까워하기도 했다. 바로 이러한 관심이 나를 '에티오피아 커피 투어리즘'이라는 연구 주제로 이끈 것 같다.

 아무리 경제적으로 가난한 나라라도 유네스코UNESCO가 지정한 세계유산이 하나 정도는 있기 마련이다. 그렇지만 세계유산지도를 잘 살펴보면 여기에도 힘의 원리가 작용한다. 부유한 나라에는 세계유산으로 지정된 문화재가 많은 데 비해, 가난한 나라는 세계유산 선정에 참여하는 것은 물론이고 그 유산을 보존할 여력도 모자라다. 개발도상국이 보유한 세계유산 중에 위험유산(세계유산 중에서 특별히 파괴 위험에 처한 유산을 별도로 선정한 것)으로 지정되는 경우가 많은 것도 그 나라의 의사가 반영되지 못하기 때문이다. 사실 산에서 나무를 해서 근근이 먹고사는 이들에게 세계자연유산이 얼마나 큰 의미가 있을까? 그들은 산이 황폐해지든 말든 끼니를 잇기 위해 나무를 벨 수밖에 없다. 도시 전체가 세계문화유산으로 지정된 곳도 막상 현지인들은 그게 뭔지도 모르고 어떤 영향을 끼치는지에도 전혀 관심이 없는 경우가 많다. 지금도 여전히 현지인들의 의사는 무시된 채, 선진국에서 온 소위 활동가라는 사람들만 해당 지역이, 혹은 대상이 세계유산으로 지정되어야 한다며 동분서주 뛰어다니는 듯하다.

에티오피아의 하라르는 도시 전체가 유네스코가 지정한 세계문화유산이다. 소말리아와 가까워 전쟁이 일어날 가능성이 존재하지만, 세계문화유산이라는 이유로 관광객들이 위험을 감수하고 찾는 곳 중에 하나다. 도심을 벗어나면 에티오피아군의 캠프를 쉽게 볼 수 있다. 그곳을 처음 방문했을 때 하라르 사람들은 유네스코의 중요성도 잘 몰랐고, 세계문화유산이라는 타이틀이 본인들 당장의 삶에 그리 도움이 안 된다고 생각한다는 사실을 알게 되었다. 화천에서 일했던 경험도 있고 해서, 지역

주민들이 제일 잘 아는 지역 고유의 자원을 활용해 빈곤을 줄이고 지역개발에 기여하는 방법에 관해 한창 고민할 때였다.

그러던 중에 커피를 만났다. 하라르는 세계문화유산이라는 것 말고도 고품질의 모카 커피 생산지로 유명한 곳이다. 현지인들은 세계문화유산이 무엇인지는 알지 못해도, 세계적으로 유명한 모카 커피의 생산 지역답게 커피에 관한 한 다들 전문가였다. 그렇다면 에티오피아 관광 개발의 핵심 요소를 커피로 바꿔 보면 어떨까? 커피는 에티오피아 사람들이 제일 잘 아는 것일 테니 말이다. 바다가 없는 곳에서 바다를 통한 관광 개발을 꿈꿀 수 없는 노릇이지만, 커피 원산지에서 커피를 통한 관광 개발은 가능성이 충분하다고 생각했다. 에티오피아 인구의 4분의 1이 직간접적으로 커피 산업에 종사하고 있으니 인력도 충분해 보였다.

이렇게 떠오른 거친 아이디어를 바탕으로 본격적으로 연구를 시작했다. 내가 생각하는 커피와 함께하는 관광, 즉 커피 투어리즘Coffee Tourism은 커피를 단순히 음료가 아닌 새로운 문화 자원으로 생각해보자는 것이다. 이것을 주제로 삼아 일본 히토쓰바시 대학 사회학과에서 석사 과정을 밟았고, 영국 엑서터 대학 지리학과 박사 과정에서 실천적인 연구를 진행했다.

연구를 위해 에티오피아의 유명 관광지는 물론, 커피 산지를 구석구석 다니며 장기간 현지 조사에 매달렸다. 그러는 사이 자연히 커피에 대한 이해가 깊어졌고, 미국 CQI~Coffee Quality Institute~의 큐그레이더(커피 감정사) 자격증도 보유하게 되었다.

뿌듯한 게 있다면, 내가 쓴 박사 학위 논문(『Coffee Tourism in Ethiopia: Opportunities, Challenges and Initiatives』)이 전 세계의 많은 사람들에 의해 오늘도 다운로드되고 있다는 사실이다. 그만큼 이 분야에 대한 관심이 많아졌다는 것, 그리고 내 논문이 누군가에게 가이드가 된다는 것이 무척 기쁘다. 박사 과정을 이수할 때 같은 연구실의 친구들끼리 우리가 쓴 학위 논문은 지도교수와 심사하는 교수만 읽는 글이 될 거라고 자조적인 농담을 나누곤 했다. 결과적으로 내 논문은 그 길을 가지 않게 되었으니 나름 자부심을 느끼고 있다.

/ 아프리카에서 만난 또 한 분의 스승 /

든든한 아프리카 전문가

　나가사키에서 열린 아프리카 학회에 갔을 때, 시게타 마사요시 선생을 처음 만났다. 전화로 얘기하면서 우렁찬 목소리와 독특한 유머 감각을 갖고 있는 분이란 생각을 했는데, 직접 만나 뵈었을 때 선생은 휠체어에 앉아 나를 맞이했다. 아프리카 지역 연구에 한창 집중하던 20대 때 원인 모를 병을 얻어 그렇게 되었다는데, 교토 대학은 시게타 선생을 배려해 학교의 계단을 전부 없앴다고 한다.

　나를 보자마자 시게타 선생은 몹시 반가워하면서 도쿄에서의 학교생활은 즐거운지, 학위를 시작한 소감이 어떤지 물었다. 알고보니 시게타 선생은 고다마야 선생과 친분이 두터웠다. 연구 지역이 아프리카라는 공통점 때문에 일본 내에서 아프리카 관련 학술 행사가 있을 때마다 만나는 사이였다. 시게타 선생은 대외적인 활동에 고다마야 선생보다 더 적극적인 분이었다. 내가 히토쓰바시 대학 입학 서류를 준비할 때 시게타 선생에게 고다마야 선생이 어떤 분이냐고 여쭌 적이 있는데, 그때 선생은 좋은 학교, 좋은 선생님이니 가서 열심히 하라고 말씀하셨다.

세상은 참 넓고도 좁다. 학회가 끝난 후 나는 도쿄, 선생은 교토가 베이스캠프여서 다시 만날 기회가 없었는데, 2007년 겨울 운 좋게도 에티오피아에서 선생과 다시 만났다. 에티오피아 현지에서 조사를 하려면 아디스아바바 대학 안에 있는 에티오피아학 연구소Institute of Ethiopian Studies에서 연구 허가서를 받아야 한다. 이때 연구 허가서를 신청하려면 에티오피아 내에서 나를 보증할 수 있는 사람의 추천서가 필요하다. 대개 에티오피아 현지 기관과 파트너십을 맺고 조사하는 경우가 많아서 그 기관에서 써주는데, 나는 개인적으로 방문했기 때문에 추천서를 써줄 사람을 직접 찾아야 했다. 도착해서 며칠을 헤매다가 우연히 시게타 선생을 만났다. 사정을 이야기했더니 동석했던 아디스아바바 대학 철학과 교수를 소개해주었다. 다음 날 그 교수가 친히 추천서를 써줘 당일로 허가를 받을 수 있었다.

일본 정부가 에티오피아의 다양한 분야에서 개발협력 사업을 진행하고 있는 것도 이유겠지만, 시게타 선생이 워낙 오랫동안 에티오피아를 연구해온 터라 아디스아바바 대학에서 시게타 선생의 제자라고 하면 안 될 일도 성사되는 경우가 많있다. 아디스아바바 대학 도서관에서 대출도 안 되고 복사도 안 되는 자료가 있었는데, 시게타 선생의 제자라고 하자 바로 자료를 복사해준 적도 있었다.

넌 돈 말고는 다 가진 것 같아

30년 넘게 에티오피아 지역을 연구해온 시게타 선생의 제자들 중에는 당연히 에티오피아 지역 연구자들이 많다. 선생과의 인연으로 에티오피아 지역 연구자들을 많이 알게 되어 다방면으로 도움을 많이 받았다. 히토쓰바시 대학의 경우 나 말고는 에티오피아 연구자가 없었고, 엑서터 대학에도 나 혼자뿐이라 에티오피아 관련 정보를 얻는 데 제약이 많았다. 그런데 교토 대학에 연락하면 오래된 자료에서부터 최신 자료까지 웬만한 자료들은 다 얻을 수 있었다.

2010년 에티오피아 커피에 관한 희귀 자료를 발견했는데, 제목만 검색될 뿐 내용을 도저히 찾을 수가 없었다. 여기저기 알아보다 마지막으로 교토 대학에 연락했더니, 학생 하나가 수십 페이지나 되는 자료를 한 장 한 장 사진으로 찍어 메일로 보내주었다. 교토 대학에서 에티오피아를 연구하는 학생들은 내가 교토대 학생도 아니면서 그런 편의를 누린다면서, 차라리 교토대로 오라고 말하곤 했다.

교토 대학은 에티오피아 지역 연구 환경이 정말 잘 조성되어 있다. 관련 연구자도 많고 연구비도 넉넉히 지원되기 때문에, 동료가 없어 쓸쓸할 때나 빠듯한 연구비로 현지 조사를 진행해야 할 때는 차라리 교토 대학으로 갈까 싶은 적도 있었다. 아무튼 내 입장에서는 부러운 환경을 가진 학교였다.

석사 과정을 이수하려다 포기했던 교토 대학의 아시아아프리카지역연구대학원ASAFAS은 나중에 방문할 기회가 있었다. 2018년 시게타 선생의 초청을 받아 ASAFAS의 객원교수 자격으로 3개월간 지내다 왔다. 아프리카 주제 연구자를 대상으로 한 초빙교수 펠로우십이었다. 이 프로그램 역사가 오래되었는데 한국인 학자가 초청된 것은 내가 처음이었고, 영어와 일본어를 모두 할 수 있는 외국인도 내가 처음이었다고 한다. 덕분에 체류 기간 동안 일본 학생들과 교류할 기회가 많았는데 그 학생들 중 몇몇은 한국과 에티오피아에서 다시 만나기도 했다. 연구과 사무실에서 업무를 보는 일본인 직원 한 분은 영어가 서툴러 그동안 초청된 외국인 교수와 따로 만나 식사를 하거나 이야기를 할 기회가 없었는데, 나와 그런 시간을 가질 수 있어 좋다고 말하기도 했다. 머무는 동안 매주 한 번씩 이분을 만나 한 시간 정도 한국어 수업을 했는데, 이제는 한국어로 문자 메시지를 주고받을 수 있게 되었다.

시게타 선생과의 인연은 한마디로 설명할 수는 없지만, 내 인생에 특별한 분인 것만은 확실하다. 선생에게 학생으로서 직접 배운 적은 없지만, 선생이 나를 제자처럼 대해주고 나도 여전히 선생을 특별한 지도교수님으로 생각한다. 끈끈한 사제지간은 학교 안에서만 만들어지는 게 아니라 이런 인연을 통해 맺어지기도 하는 것 같다.

공부하면서 좋은 사람들을 많이 만났다. 그럴 때마다 나는 참 복이 많다고 생각한다. 누군가 내게 말했다. "오순, 너는 돈 말고는 다 가진 것 같아." 나는 크게 고개를 끄덕였다.

알을 깨다

박사 과정 기간 내 연구 주제는 크게 에티오피아, 커피, 투어리즘 세 가지였다. 영국은 미국과 달리 박사 과정에 코스 워크가 따로 없고 지도교수와 토론을 하며 학위 논문을 준비한다. 박사 과정 초기에는 영어가 모국어인 백인 남자 교수와 매주 만나 다양한 주제에 관해 영어로 토론하는 시간이 큰 부담이었다. 그러나 아시아 변방에서 온 '서벌턴Subaltern'의 주장에 폴 선생은 늘 귀를 기울였고 적극적으로 반응했다.

어느 날 내가 이렇게 말한 적이 있다. "폴, 난 대상을 볼 때 다른 앵글로 보려고 노력해요. 예를 들어 아시안인 내가 보는 커피는 영국인이 보는 커피, 에티오피아인이 보는 커피와는 다를 수밖에 없잖아요." 폴 선생은 공감을 표시했고 내 관점을 늘 존중해주었다. 기어다니던 아이가 일어나 걸음마를 뗄 때 부모가 기뻐하듯, 내가 새로운 토론 주제를 가져가거나 내 나름의 방식으로 발전시킨 연구 아이디어를 공유할 때면 폴 선생은 온갖 감탄사를 동원하여 격려하곤 했다.

내가 에티오피아에서 현지 조사를 할 때 인터넷이 안 되어 몇 달 동안 폴 선생과 연락을 못 하고 혼자 연구를 진행할 때가 있었다. 조사 지역이며 인터뷰 대상, 인터뷰 질문 등 하나부터 열까지 혼자 결정해야 했다. 그 전까지는 폴 선생과 자주 의견을 주고받았기에 모든 것을 혼자 결정하는 것이 조금은 불안한 마음도 있었다. 다시 인터넷이 연결된 이후 폴 선생에게 조사 결과를 이메일로 보내고 피드백을 받으면서, 내가 연구자로서 혼자 일어설 수 있음을 깨달았다. 박사 과정이 본래 독립 연구자를 만들기 위한 훈련 과정이라고 한다면, 그때 나는 아직 학위를 받기 전이었지만 내가 독립 연구자로 세상에 나설 수 있다는 자신감 같은 걸 느꼈다. 그래도 유학 시절 내내 내가 서벌턴이라는 느낌을 지우기는 쉽지 않았다. 박사 과정 마지막 해에 그리스에서 열린 국제학회에 참석하기 전까지는 말이다.

그리스에서 열린 학회에서 내가 논문에 많이 인용했던 저명한 학자를 만났다. 사실 그 학자가 학회에서 기조 강연을 한다고 해서 큰 기대를 안고 참석했던 터였다. 식사 자리에서 그와 이야기를 나눌 기회가 있었는데, 그 시간은 학회 참가의 가장 큰 수확이었다. 그는 내 연구 주제에 관해 물었고, 대답과 질문이 몇 차례 오갔다. 그때 그 학자와 나눴던 대화는, 왜 영국인은 내 연구 주제를 들으면 늘 공정무역과 연관시키는지에 관한 내용이었다. 대화가 충분히 논쟁에 이를 수 있었지만 거기까지 가지는 않았다. 어느 순간 나는 그의 논리에서 허점을 발견했고, 동시에 그 역시 내게 허점을 보였다는 사실을 알고 있음을 깨달았다.

그날, 나는 나를 둘러싸고 있던 알을 깼다. 현실에서 아시안 여성 연구자로서 알게 모르게 느껴오던 벽, 경계, 그리고 스스로 나를 규정하던 틀, 이런 것들이 통쾌하게 무너졌다. 괜찮은 학자가 되고 싶은 욕심, 그럴 수 있다는 단단한 자신감이 생겼다.

이런 시간들을 뒤로하고 나는 영국에서 무사히 박사 과정을 마쳤다. 일본을 떠나 영국으로 갈 때는 여러 가지 우려가 있었지만 스스로가 대견하게도 빚 없이 학위를 마쳤고, 에티오피아 커피 투어리즘을 주제로 연구한 1호 박사가 되었다.

에필로그

영국에서 학위를 마친 이후, 많은 일들이 있었고 다양한 사람을 만났다. 소개하고 싶은 이야기는 많지만 또 다른 이야기의 시작이 될 것 같아 다음 기회로 미루려 한다. 대신 내가 50의 나이에 머뭇거리지 않고 과감하게 새로 시작한 일에 대해 여기에 조금 소개하고 마무리를 해야 할 것 같다.

나는 한국에서는 드문 에티오피아 지역 연구자이지만 현재 대학이나 연구기관에서 일을 하지 않고, 비즈니스 현장에서 일하고 있다. 에티오피아 현지에서 내 직함은 '에티오피아 커피 공급 사슬 전문가Ethiopian Coffee Supply Chain Expert'이다. 커피가 생산지에서 소비지로 공급되기까지 여러 단계의 사슬이 존재하기 때문에 쓰는 표현이다. 한국에서 나를 소개할 때 쓰는 직함은 '전업 에티오피아 커피 드링커A Full-time Ethiopian Coffee Drinker'이다.

몇 년 전 SNS에 '에티오피아커피클럽Ethiopian Coffee Club'이라는 커뮤니티 페이지를 만든 적이 있고, 에티오피아 커피 관련 정보를 여러 나라 언어로 자주 업데이트하며 전 세계 여러 나라의 팔로워들이 생겼다. 덕분에 국내외 커피 행사에 초대되어 에티오피아 커피를 소개하는 역할을 자주 맡게 되었고, 커피 정보를 나누는 일만 할 게 아니라 직접 선별한 에티오피아 커피를 판매해보라는 권유를 받기에 이르렀다. 커피 소비지에서뿐만 아니라 에티오피아 정부 관계자들, 커피 공급업체들, 커피 관련 기관 사람들의 권유가 계속되자 마음이 흔들리기 시작했다. 내 마음속 설렘 버튼이 작동한 것이다.

2019년 12월 내가 과연 커피 비즈니스를 할 수 있는 사람인지 타진하기 위해 에티오피아를 방문했고, 시장조사를 해보니 충분히 할 수 있을 것 같았다. 에티오피아 현지에 회사를 만들기 위해 차근차근 준비하기 시작했고, 이는 장기 체류, 나아가 이주를 의미했다. 코로나19가 아니었다면 내 창업은 서울이 아니라 아디스아바바에서 진행됐을 것이다.

내가 20대 때 내 주변에는 '어른'이 많았다. 궁금한 걸 바로 답변해주는 그런 어른이 아니라 만나러 가는 길에, 만나고 돌아오는 길에 답이 해결되는 그런 어른들 말이다. 가야금 명인 황병기 선생께서 살아계실 때 댁에 찾아가 좋은 말씀을 들을 기회가 종종 있었다. "내가 젊은 시절로 돌아가면 나는 잘사는 나라보다는 우리보다 못사는 니라 여행을 많이 할 것 같아. 살아보니 그래. 잘사는 나라는 늙어서도 여행할 기회가 많은데, 못사는 나라는 젊을 때가 아니면 가기 힘들어. 거기서 배우는 게 더 많을 텐데 말이야."

최근에 SNS로 나를 알게 되었다는 젊은 친구들이 에티오피아커피클럽에 자주 찾아온다. 이유는 다양한데 아프리카 지역 현지 조사 방법을 묻기 위해 찾아오기도 하고, 에티오피아 커피에 대해 궁금해 찾아오기도 하고, 새로운 공간에 카페를 창업하려고 하는데 에티오피아 커피를 사용하고 싶어 찾아오기도 한다. 차를 잘못 타서 우연히 왔다는 수줍은 핑계를 대며 본인이 좋아하는 일, 본인의 최근 활동을 두 시간쯤 이야기하고는 총총히 사라진 젊은이도 있었다. 문득 나 자신이 젊은 시절 찾아 뵙곤 하던 어른의 나이에 가까웠음을 깨닫는다. 어쨌든 이곳은 비즈니스를 목적으로 만든 공간이지만 사용하는 사람들의 목적은 그렇게 제각각이고, 나는 그게 자연스럽고 마음에 든다.

좋아하는 게 업이 되면 재미없어진다고 했던가. 창업 이전으로 돌아가기에는 너무 많이 와버렸고, 그래도 이왕 시작한 덕업일치, 나는 하루하루 신나게 하는 중이다. 난 아무래도 죽을 때까지 재미있는 일만 할 팔자인가 보다. 앞으로의 바람이라면 맛있는 에티오피아 커피를 우리나라뿐만 아니라 해외에도 더 널리 소개하고, 더 많이 판매하고 싶다. 에티오피아 커피 생산자와 함께 성장하는 방법을 계속 고민하고 있고, 현지와 연결된 수준 높은 에티오피아 커피 교육 프로그램과 커피 투어 프로그램도

차근차근 준비 중이다. 시간이 다소 걸리겠지만 장차 기업 부설 연구소를 설립해 다양한 배경의 연구원들과 함께 연구 활동도 계속 이어가고 싶다.

내가 유학 시절 한국 사람을 만나면 가장 많이 들은 말이 있다. "에티오피아 커피 연구해서 밥벌이가 되겠어요?" 지금까지 내가 한 공부로 경제적인 자립은 충분히 이루었다. 그런데 학계를 벗어나 비즈니스에 뛰어든 순간, 예전에 숱하게 들었던 바로 그 질문이 다시 떠올랐다. 사실 이 책은 그 질문에 대한 답변인지도 모르겠다. 나는 지금 내가 하고 싶은 일을 선택해서 하고 있고, 새로운 길을 가는 고됨이 있지만 동시에 기분 좋은 두근거림을 느낀다. 앞으로 내 공부가 틀리지 않았음을 많은 사람들에게 천천히, 그리고 오래 보여주고 싶다.

게스트하우스 주인 다니엘 씨는 내가 미처 챙겨 오지 못한 짐을 여전히 보관해주고 있다. 적어도 몇 달 안에 다시 갈 수 있을 줄 알았는데 1년이 넘게 지난 지금도 기약이 없다. 그래도 희망은 우리 곁에 존재하고 있으니 에티오피아를 밟을 날이 아주 멀지만은 않을 거라고 믿는다.

당신의 자리에서 당신만의 설렘을 찾기를 바라며,
윤오슈

설레는 게 커피라서

초판 1쇄 펴낸날 2021년 9월 10일

지은이 | 윤오순
펴낸이 | 윤정광
기획편집 | 조경인
디자인 | 원상희
마케팅 | 김서현

펴낸곳 | (주)벨레투
출판등록 | 2021년 6월 17일 제315-2021-000070호
주소 | 서울특별시 강서구 마곡중앙6로 11 B114
전화 | 02-3663-3313
팩스 | 02-3663-3314
홈페이지 | http://www.beletu.co.kr
메일 | info@beletu.co.kr

ⓒ 윤오순, 2021

ISBN 979-11-975143-0-2 03810

· 잘못된 책은 구입하신 서점에서 교환해드립니다.
· 이 책은 저작권법에 의하여 보호받는 저작물이므로 무단 전재와 복제를 금합니다.